Löbl · Marxismus – Wegweiser und Irrweg

Eugen Löbl
Marxismus
Wegweiser
und Irrweg

J. Schneider

6/73

Econ Verlag
Wien · Düsseldorf

1. Auflage 1973
Copyrigth © 1973 by Econ Verlag GmbH, Wien und Düsseldorf
Alle Rechte der Verbreitung, auch durch Film, Funk, Fernsehen,
fotomechanische Wiedergabe, Tonträger jeder Art oder
auszugsweisen Nachdruck, sind vorbehalten.
Gesetzt aus der 10/12 Garamond der Linotype GmbH.
Gesamtherstellung: Poeschel & Schulz-Schomburgk, Eschwege
Printed in Germany · ISBN 3 430 16133 9

Inhalt

Für Greta

Vorwort

Es scheint, als ob die Welt sich einer Katastrophe nähert. Mehr als ein Drittel der Menschheit lebt an der Grenze des Hungers, trotzdem wächst ständig die Bevölkerungszahl. Als ob Malthus recht gehabt hätte mit seiner Feststellung, am Tische der Natur sei nicht für alle Menschen gedeckt.

In dem entwickelten Teil der Welt ist auf der anderen Seite die Technisierung ungeheuer vorangetrieben worden; es wächst der Wohlstand, jedoch der Mensch wird zum Diener der Technologie degradiert.

In der ganzen Welt rebelliert die junge Generation gegen die Gesellschaft, die ihr keine echten Perspektiven bietet. Die Entfremdung wächst sowohl in ihrem Umfang als auch in ihrer Intensität.

Der Mensch geht verloren.

Die Jugend sucht verzweifelt nach einer Befreiung aus einem Labyrinth, das sich die Menschen selbst geschaffen haben. Ein beträchtlicher Teil dieser jungen Intelligenz sieht keinen anderen Ausweg als die Vernichtung der Technologie, der sie alle Übel zuschreibt. Jedoch die Vernichtung der Technologie ist gleichbedeutend mit der Vernichtung nicht nur des gewonnenen Wohlstandes, sondern auch der nackten Existenz eines beträchtlichen Teiles der Menschheit.

Wo ist ein Ausweg? Wer kann uns leiten, wenn wir eine bessere Welt, eine Welt mit menschlichem Antlitz schaffen wollen? Wo liegt die Garantie dafür, daß jene Veränderungen, die wir vornehmen oder vorzunehmen beabsichtigen, nicht noch schwerwiegendere Probleme mit sich bringen werden?

In diesem Zusammenhang wollen wir uns dem Gedankengebäude und dem Werk von Marx nähern, und in diesem Zusammenhang interessiert es uns, ob Marx wirklich ein Denker war, der uns noch heute helfen könnte. Können wir alles, oder nur etwas und – wenn ja – was von den Marxschen Lehren akzeptieren?

Wie sollen wir jedoch entscheiden, ob Marx wirklich ein Denker war, ob wir uns nach mehr als hundert Jahren an ihn um Rat wenden können?

Die Frage nach geistiger Größe dürfte auf dem Gebiet der Naturwissenschaft nicht allzu schwer sein. Da gibt es wenigstens relativ sichere objektive Merkmale. Hat ein Naturwissenschaftler neue Probleme gelöst, bestehende Widersprüche zwischen Theorie und Erscheinungen geklärt, hat er neue Wege gefunden, die sich bewährt haben, dann verbinden solche und ähnliche Errungenschaften seinen Namen und sein Werk mit der weiteren Entwicklung der Wissenschaft. Und ihre neuen Hypothesen und Interpretationen werden zu Meilensteinen der Entwicklung. Allerdings ist auf dem Gebiete der Gesellschaftswissenschaft die Frage nach der Größe des Denkers viel komplexer. Dort haben wir keine so exakte Methode wie in der Naturwissenschaft, die Richtigkeit zu prüfen. Beurteilen wir das Werk der Gesellschaftswissenschaftler unter dem Gesichtspunkt ihrer historischen Größe, so können wir wohl ihren Einfluß auf das Denken der Zeitgenossen feststellen. Jedoch nur eine entsprechende historische Distanz bringt uns in die Lage, richtig abzuschätzen; ohne diese Voraussetzung liegt die Gefahr eines Fehlurteils auf der Hand.

Fragen wir uns jedoch, ob Marx wirklich ein großer Denker war, der den Lauf der Geschichte beeinflußt hat, so haben wir die notwendige historische Distanz. Mehr als hundert Jahre sind verstrichen, seit seine Gedanken bekannt wurden und begannen, ihren politischen Einfluß auszuüben. Wir haben viele objektive Kriterien, mit denen wir unser Urteil untermauern können. Wir fühlen noch heute den Einfluß der Lehre von Marx, wir fühlen, wie dieser Einfluß wächst, und daß sie auch die Zukunft der Menschheit beeinflussen dürfte.

Die Gedanken von Marx haben eine so weltweite politische Bewegung ausgelöst, daß man ohne Übertreibung sagen kann: in der Geschichte gibt es wohl kaum ein Beispiel dafür.

Staaten mit einer Bevölkerung von rund einer Milliarde Einwohner haben die Lehren von Marx als Staatsideologie akzeptiert. Es ist daher nicht möglich, über Weltpolitik und weltumfassende Probleme zu sprechen, ohne den Einfluß von Marx zu berücksichtigen. Dies um so mehr, als die Sowjetunion eine der drei Weltmächte ist, ein Staat, dessen Staatsphilosophie auf den Lehren von Marx beruht. Auch China, das mit seinen rund 700 Millionen Menschen Weltmacht darstellt, bekennt sich zur gleichen Staatsphilosophie.

Es gibt natürlich politische Bewegungen, die zwar auf Marxens Ideen zurückgeführt werden können, aber dennoch von seinen Lehren abweichen; es gibt aber auch politische Bewegungen, die sich von Marx distanzieren, jedoch auf politischen Begriffen basieren, die von Marx stammen.

Die Arbeiterbewegung, auch soweit sie sich nicht zu Marx bekennt, basiert auf seiner Erkenntnis der Wichtigkeit der Arbeiterschaft; die Rolle des Eigentums wird nach Marx als entscheidendes Kriterium akzeptiert, der Konflikt Kapitalismus–Sozialismus ist zum Weltkonflikt geworden, wobei der Begriffsinhalt dieser Gesellschaftsformationen ebenfalls Marxsches Gepräge trägt und sowohl von seinen Anhängern als auch seinen Gegnern akzeptiert wird.

Bei all dem ungeheuren Einfluß, den die Gedanken von Marx hatten, sehen wir, daß überall dort, wo seine Gedanken Ausgangspunkt einer neuen Gesellschaftsordnung wurden, eine Kluft zwischen den Erwartungen, die an ihn geknüpft wurden und der erzielten Realität festgestellt werden kann. Jedoch muß zugleich gesagt werden, daß trotz allem der Einfluß der Gedanken von Marx wächst. Sogar in dem höchst entwickelten Land der Welt, in den Vereinigten Staaten, kann man eine Renaissance der Gedankenwelt von Marx beobachten, ganz besonders unter der jungen Intelligenz auf den Universitäten. Dieser Widerspruch verlangt nach Aufklärung.

In allen Ländern gibt es Pedanten, die die Lehren von Marx als ein Dogma akzeptieren, das nicht revidiert werden darf. Sie betrachten eine jede Revision oder Kritik an ihm als einen Verrat nicht nur an seiner Person, sondern auch an all den Idealen, für die er einstand. Sie machen keinen Unterschied zwischen seinem Ausgangspunkt und seinen Lehren. Es gibt allerdings auch Pedanten auf der anderen Seite der Barrikaden, die Marx a limine ablehnen. Sie suchen verkrampft nach Schwächen, Widersprüchen, Unfolgerichtigkeiten in seinen Lehren und übersehen alles andere. Sie werfen Marx vor, daß die Revolution nicht in den fortgeschrittenen Ländern stattgefunden hat, sondern in den unterentwickelten, und übersehen bereitwillig, daß Staaten mit mehr als einer Milliarde Einwohnern seine Lehren akzeptiert haben. Sie weisen darauf hin, daß manche Arbeiterparteien von Marx abwichen, übersehen jedoch, daß die moderne Arbeiterbewegung von seinen Gedanken – direkt oder indirekt – eingeleitet und beeinflußt war. Die einen sehen in Marx nur das Positive, die anderen nur das Negative; sie glauben, daß sie entweder seine Apologeten oder seine Ankläger sein müssen.

Ich glaube, daß man diese Art, das Werk von Marx zu betrachten, nicht allzu ernst nehmen darf. Auf alle Fälle ist diese Übersimplifizierung seiner Lehren irreführend. Es gibt allerdings viele echte Denker, die sich mit dem Werk von Marx befassen, es studieren und positiv oder negativ werten. Sie befassen sich mit seiner Philosophie, Anthropologie, Ökonomie, Soziologie, Geschichtsphilosophie usw.

Interessant ist, daß man beim Studium der Kritik an Marx – ob es sich nun um echte wissenschaftliche Wertung oder um Apologeten oder Ankläger handelt – immer wieder dieselben Zitate aus seinem Werk serviert bekommt. Einmal werden sie als Beweis seiner Größe, zum anderen als Beweis seiner Fehlurteile benutzt. Hier manifestiert sich eine Gefahr. Ein geschulter Kritiker kann mit Zitaten alles beweisen. Es genügt oft, den Zusammenhang, dem das Zitat entnommen ist, zu übergehen oder zu ändern, um jegliche Wertung zu begründen.

Ich glaube deshalb, daß es angezeigt ist, einmal ohne Zitate auszukommen, daß ich als Kritiker von Marx meine eigene Interpretation entwickele, für diese Interpretation selbst die Verantwortung übernehme und die Zitate nicht als Alibi benütze. Ich werde in diesem Buch keine Zitate anführen.

Weiter erscheint mir interessant, daß sich die Schüler und Anhänger von Marx – je nach ihrer Interpretation seiner Lehren – in verschiedene politische Gruppierungen aufteilen: es gibt Dogmatiker, Revisionisten, linke und rechte Opportunisten, Trotzkisten, Titoisten, Castroisten, Maoisten usw. Jede dieser Gruppen behauptet, ihre Interpretation sei die richtige.

Kann da noch etwas Neues hinzugefügt werden?

Wenn ich mich trotzdem entschlossen habe, diese Studie über Marx zu schreiben, so deshalb, weil ich glaube, daß ein sehr wichtiger Gesichtspunkt bei der Wertung der Lehre von Marx dennoch übergangen wurde.

Nach meiner Ansicht ist der wichtigste Beitrag von Marx zur Gesellschaftswissenschaft und Gesellschaftsphilosophie in dem Gedankensystem zu sehen, dessen Zweck es war, die Welt revolutionär umzugestalten. Marx stellte sich die Aufgabe, die Welt nicht nur zu interpretieren, sondern zu ändern. Natürlich ist die Interpretation wichtig, denn wenn man die Gesellschaft ändern will, so muß man wissen, was daran geändert werden sollte. Wollen wir unsere Zeit ändern, müssen wir die zu ändernden Gegebenheiten kennen; auch ihre Vergangenheit, deren Kontinuum sie darstellt.

Es ist wichtig, zu erkennen, daß die Gesellschaft eine Substruktur und eine Superstruktur hat, und daß es eine Beziehung zwischen diesen Strukturen gibt. Diese Beziehungen zwischen der Ökonomie und anderen Elementen der Substruktur müssen wir erkennen – die Beziehung zwischen der Produktionsweise und der Form des Eigentums, die Rolle der Arbeit und deren Träger, die Rolle der Eigentümer der Produktionsmittel, der Ware, des Geldes usw. Es ist auch wichtig, festzustellen, daß alle gesellschaftlichen und wirtschaftlichen Phänomene nur in Zusammenhängen existieren. All diese Phänomene sind dialektisch verbunden und durchdringen einander. Sie sind Grundsteine in Marxens Gedankenbau.

Nach Marx ist der Klassenkampf Ausdruck des Widerspruches zwischen den Eigentümern der Produktionsmittel und jenen, die den Reichtum produzieren; und dieser Widerspruch hat einen neuen Ausdruck nach der industriellen Revolution gefunden: nämlich im Widerspruch zwischen gesellschaftlicher Produktion und individueller Aneignung. Das ist typisch für den Kapitalismus.

Wollen wir alle Konsequenzen dieses Widerspruches eliminieren, so müssen wir zunächst die Ursache eliminieren, die in der Form des Eigentums liegt.

Marx stellte fest, daß er die Gesellschaft, die er verändern wollte, zunächst aus philosophischer, historischer, soziologischer, ökonomischer und anthropologischer Sicht studieren mußte, ehe er daraus, entsprechend der Einheit des studierten Objektes, wieder eine einheitliche Weltanschauung formen konnte.

Es zeigt sich, daß es grundsätzlich zwei Wege gibt, sich mit Marx auseinanderzusetzen.

Marx war Philosoph, Ökonom, Soziologe, Anthropologe. Wenn er unter dem Gesichtspunkt eines humanistischen Revolutionärs an alle Probleme herantrat, können seine Philosophie wie auch seine Soziologie, Anthropologie und Ökonomie sowohl in ihrer Gesamtheit als auch als einzelne Disziplinen beurteilt und gewertet werden.

Diese Aufgabe bestand vor hundert Jahren gerade so wie heute. Jedoch es gibt noch einen anderen Weg.

Sprach ich anfangs von einer unheilvollen Krise, die auf die Menschheit zukommt, so will ich nun nach all den Mißerfolgen und Enttäuschungen versuchen, einen Wegweiser zu finden, der uns nicht in die Irre führt.

Es ist die Frage, ob wir einfach die Lehre von Marx akzeptieren, sie ausbauen, auf ihr bauen, sie reformieren, revidieren, ergänzen sollen, ob wir also in dem System, das er geschaffen hat, verbleiben und es dank unseres erweiterten Wissens vervollkommnen und modernisieren oder aber ob wir eine ganz andere Methode wählen sollen.

Die Lehren von Marx haben ein Experiment von phantastischen Dimensionen in die Wege geleitet. Der Versuch wurde unternommen, eine Gesellschaft des Menschen nicht auf Utopien, sondern auf wissenschaftlichen Erkenntnissen aufzubauen.

Sollte es uns da nicht interessieren, wieweit dieses Experiment für uns ein Wegweiser sein kann? Sollten wir nicht untersuchen, wieweit die Lehren von Marx solch ein Wegweiser waren, aber auch, wieweit sie uns – vielleicht – in einen Irrweg geführt haben?

Aber es ist da noch ein anderes Motiv im Spiel, ein recht subjektives Motiv:

Ich habe mich seit meiner frühesten Jugend mit Marx befaßt, habe seine Lehre intensiv studiert, akzeptiert, sie verteidigt, gelehrt und war unbeirrbar davon überzeugt, daß die Marxsche Theorie die Menschheit zu einer humanen Gesellschaft führen kann.

Der Sieg des Nazismus in Europa schien Engels' Voraussage zu bestätigen, daß die Menschheit vor der Alternative stände, entweder in die Barbarei zu versinken oder sozialistisch zu werden, und ich wertete Marx in diesem Sinne.

Nach dem Ende des Zweiten Weltkrieges versuchten wir eine sozialistische Gesellschaft in der Tschechoslowakei aufzubauen und eigene Wege zu gehen: eine sozialistische Ordnung zu schaffen, die auf demokratischen Traditionen der Vorkriegstschechoslowakei beruhen sollte.

In dieser Zeit war ich für Monate in der Sowjetunion, und da ich Chef einer Regierungsdelegation war, hatte ich Gelegenheit, mit den höchsten Staatsfunktionären zu sprechen. Als altem Vorkriegskommunisten standen mir alle Türen zu politischen Persönlichkeiten sowie zu den bekanntesten Schriftstellern offen.

Ich hörte von ihnen oft Ansichten, die mir nicht ganz marxistisch vorkamen, dennoch war ich im großen und ganzen überzeugt, daß in der Sowjetunion die Lehren von Marx akzeptiert und angewendet würden. Ich mußte jedoch einsehen, daß die Wirklichkeit, einschließlich der Politik, im krassen Widerspruch zu Marx' humanistischen Idealen und natürlich auch zu jenen Idealen stand, aus denen die sozialistische Bewegung entstanden war. Mir war ganz und gar nicht klar, wie es zu dieser Diskrepanz gekommen war, wo ihre Quelle lag und wie dies alles zu erklären sei. Die akuten wirtschaftlichen und politischen Probleme, an deren Lösung ich mitwirkte, ließen keinen Spielraum offen, den Widerspruch zu lösen. Aber weil ich, mehr intuitiv als beabsichtigt, so gehandelt habe, wie es den Idealen entsprach, die mich in die Partei führten, geriet ich in Konflikt mit der Sowjetregierung, und es kam zu meiner Verhaftung und Verurteilung – lebenslänglich. In vieljähriger Einzelhaft hatte ich Zeit, nachzudenken und die Erklärung zu suchen, wieso die genaue Befolgung der Lehre von Marx zu einem rein faschistischen Regime kommen konnte. Ich mußte mir auch die Frage stellen, wie es möglich war, daß wir in der Annahme, eine humanistische Gesellschaft zu schaffen, das Gegenteil erreichten.

War all das, was geschehen war, nur eine stalinistische Deformierung von Marx oder ist es auf Marx zurückzuführen? Marx hat ganz klar Frage und Aufgabenstellung formuliert, die ich beide auch heute noch für richtig halte. Sie sind heute vielleicht noch brennender als zu seiner Zeit.

Es liegt also nicht an der Fragestellung.

Es ist deshalb notwendig, seine Interpretation seiner Zeit und des Weges, der zu einer humanistischen Befreiung der Menschheit führen soll, auf die Richtigkeit zu untersuchen.

Wir haben dabei den ungeheuren Vorteil, uns auf bedeutende Erfahrungen stützen zu können. Viele Fragen, die im 19. Jahrhundert bloß theoretisch und abstrakt behandelt werden konnten, können heute mit der Wirklichkeit konfrontiert werden, und diese Konfrontation kann uns sehr bedeutende Hinweise geben, in welcher Richtung die Zukunft zu suchen ist.

Aus diesem Grunde will ich mich in dieser Stunde mit der Frage befassen, wieweit die Lehre von Marx ein Wegweiser war, wann und wie und warum sie zum Irrweg wurde. Ich bin fest überzeugt, daß dieser Zutritt zur Marxschen Lehre ein ehrlicherer Ausdruck der Achtung gegenüber diesem großen Denker ist als die Vergötterung und Vergötzung von Marx seitens jener, die sich Marxisten nennen.

Wegweiser und Irrweg

Am Anfang war die Revolution

Es scheint mir wichtig, zu betonen, daß das Revolutionäre in Marx's Lehren nicht das Resultat seiner Studien war, sondern das Resultat seiner durch und durch revolutionären Persönlichkeit.

Am Anfang war Marx der Revolutionär – ein gebildeter, außerordentlich begabter junger Denker, voller Ekel vor einer Welt, in der er lebte, leben mußte, und die er gern verändern wollte. Eine Revolution, die eine durchaus menschliche Gesellschaft zeitigte – das war bei weitem nicht nur sein Traum, sondern sein Lebensinhalt.

Eine große Karriere stand ihm bevor, doch er wählte den Kampf um seine Ideale – und gab seine Karriere auf.

Fast sein ganzes Leben verbrachte er im Exil und in bitterster Not.

Er identifizierte sich absolut mit seinem Kampf für eine revolutionäre Veränderung der Welt, einer Welt, in welcher der Mensch total zum Gesellschaftsprodukt zu werden drohte. Dies, diese Gedanken allein, stempelten ihn zum großen Revolutionär. So sehe ich im Gedankensystem von Marx die Ausführung seines sich selbst gegebenen Auftrages, den Weg zur Verwirklichung seiner Ideale frei zu machen.

Der Ausgangspunkt meiner Erwägungen ist daher das Gedankengut von Marx, in allererster Linie das Gedankengut eines Revolutionärs, das eigentlich nur in zweiter Linie ein revolutionäres Gedankengut darstellt.

Hegel hat Marx nicht intellektuell beeinflußt, sondern es war das revolutionäre Potential in Hegels Philosophie, das ihn prägte.

Hegels dialektische Methode – alles Sein im Werden, im Entstehen und im Vergehen zu sehen, alle Phänomene als eine Einheit von Widersprüchen zu interpretieren, die Entwicklung als einen revolutionären Übergang von Quantität zu Qualität zu sehen; alle diese Erscheinungen nicht isoliert, sondern in dialektischer gegenseitiger Wirkung zu verstehen – das war der Auftakt zur Philosophie der Revolution.

Philosophie und Naturwissenschaft als revolutionäre Waffen

Hegels »Selbstentwicklung«, die Eigenbewegung der Idee, sollte durch Marx zur Dialektik der Dinge, der Tatsachen, der Realität werden. Die Wirklichkeit ist daher bei ihm kein Spiegelbild der Idee, wie es Hegel annahm, sondern im Gegenteil: die Idee ist ein Abbild der Wirklichkeit. Deshalb wurde die Revolution der Idee zu einer Revolution der Welt, in der wir leben. So stellte Marx den Philosophen Hegel »vom Kopf auf die Füße«. Das Studium des Lebens und der Lehren von Marx überzeugt mich immer mehr davon, daß es ihm ganz und gar nicht darum ging, Hegel »vom Kopf auf die Füße« zu stellen, sondern Hegels Philosophie zu einer revolutionären Waffe zu machen.

Ich werde im weiteren beweisen, daß Hegels Philosophie auch gar nicht auf die Füße gestellt worden ist, ja sich ganz und gar nicht auf die Füße stellen läßt.

Das gleiche Verhältnis hatte Marx auch zur Naturwissenschaft, die er ebenfalls unter dem Gesichtspunkt untersuchte, ob er in ihr eine Kampfwaffe finden könne.

Wie sehr Marx hauptsächlich die Naturwissenschaft als seinen Kampfgenossen betrachtete, geht aus seinem Verhältnis zu Darwin hervor.

Die wissenschaftliche Beobachtung, wonach sich die sich ändernde Umwelt auf die Entwicklung und Änderung der Arten auswirkt, lag ganz und gar im Sinne der revolutionären Vorstellungen von Marx. Sie diente zur Unterstützung der These, daß all das Übel, das den Menschen zugrunde richtet, nur Folge des Kapitalismus ist. Wird dieser gestürzt und eine neue, gerechte, klassenlose Welt aufgebaut, so kann und muß ein neuer totaler Mensch entstehen.

Die Unabwendbarkeit der sozialen Revolution

Marx begrüßte es, Hegels These durch eine naturwissenschaftliche Beobachtung bestätigt zu finden. Diese Beobachtung hat Marx in seinen revolutionären Ansichten nicht beeinflußt, sie bot ihm lediglich ein Argument. Deshalb lag es für Marx auch nahe, Hegels universelle, alles umfassende Philosophie zu akzeptieren.

Marx akzeptierte die These, daß die gleichen Gesetze sowohl die Natur als auch die Gesellschaft beherrschen, denn aus dieser Konzeption heraus konnte die Gesetzmäßigkeit, ja die Unabwendbarkeit einer gesellschaftlichen Revolution abgeleitet werden. Auf der anderen Seite ist die Ansicht Darwins, wonach es in der Natur einen ewigen Kampf aller gegen alle gibt und in dem der Tüchtigste überlebt, von Marx als eine Beschreibung der englischen Gesellschaft bezeichnet worden. Es schien nicht akzeptabel, daß in der Natur ähnliche Verhältnisse herrschen sollten wie in der kapitalistischen Gesellschaft. Denn: würde man diese These akzeptieren, so würde die Natur den Kapitalismus, der sich durch seinen Kampf aller gegen alle auszeichnet, rehabilitieren.

Auf den ersten Blick könnte es scheinen, daß Marx hier seine Philosophie der Naturwissenschaft überordnet. Obwohl er für die Autonomie der Naturwissenschaft gekämpft hat, lehnte er bestimmte naturwissenschaftliche Feststellungen ab, die sich mit seinen Weltbild nicht vereinbaren ließen.

Nicht interpretieren, sondern ändern

Entscheidend für Marx war sein unerschütterlicher Glaube an die revolutionäre Entwicklung der menschlichen Gesellschaft sowie sein Glaube an die Unumgänglichkeit der revolutionären Überwindung des Kapitalismus.

Hatte nun die Naturwissenschaft bestimmte Erkenntnisse zutage gebracht, die die revolutionären Thesen von Marx bestätigten, so wandte er sie an. Wären diese Erkenntnisse zu seiner Zeit nicht bekannt gewesen, hätte das an seiner revolutionären Überzeugung jedoch nichts geändert.

Das Schwergewicht lag auf der Veränderung der Welt, und nicht wie bisher, darauf, sie nur interpretieren zu wollen. Interpretation schien nur soweit notwendig, als sie diesem Ziel diente. Es ging darum, die Menschen davon zu überzeugen, daß das, was ist, veränderlich ist, und sie zugleich von der Notwendigkeit der Aktivität in dieser Hinsicht zu überzeugen.

Kennzeichnend jedoch für das Verhältnis der Kritiker zum Marx'schen Werk war, daß man das Schwergewicht auf seine Interpretation und nicht auf sein endgültiges Ziel gelegt hat. Sowohl seine Anhänger wie auch seine Gegner, aber auch jene, die ihn unengagiert gewertet und kritisiert haben, sahen in ihm in allererster Linie den Philosophen, Ökonomen, Soziologen, Historiker oder Anthropologen und akzeptierten nur, daß seine Philosophie, Ökonomie, Soziologie, Anthropologie und Geschichtsdeutung ihrem Wesen nach revolutionär sind.

Vielleicht läßt sich an zwei Beispielen illustrieren, welch verheerende Folgen eben diese Vorstellung von den Marx-schen Ansichten hatte.

Rund hundert Jahre nach Marx gab es eine große Diskussion um biologische Probleme in der Sowjetunion.

Es handelte sich um das Problem der Vererbung. Der Sowjetbiologe Lysenko hatte aufgrund von »Experimenten« erklärt, daß es möglich sei, Frühjahrsweizen in Winterweizen (und umgekehrt) zu verändern. Dieser Prozeß der »Vernalisation« basiert auf der Annahme, daß Eigenschaften, die unter der Einwirkung äußerer Umstände angenommen wurden, vererbt werden können. Bis dahin hielt es die Wissenschaft für bewiesen, daß die Gene dazu da sind, bestimmte Eigenschaften der Eltern zu vererben. Die Gene sind komplexe Moleküle, deren Strukturen die charakteristischen Eigenschaften der nächsten Generation bestimmen.

Die »kontrarevolutionäre« Biologie

Das war mit den Lehren von Marx nicht in Einklang zu bringen. Nach Marx ist die Rolle der Umgebung von grundsätzlicher Bedeutung. Schließlich basiert auf dieser Konzeption seine revolutionäre Einstellung. Die alte Lehre von der Rolle der Gene hielt Lysenko für unmarxistisch und gegenrevolutionär. Da Stalin diese »marxistische« Auffassung bestätigte, wurden alle wissenschaftlichen Gegner Lysenkos verfolgt; lange Jahre wurden Lysenkos Lehren angewandt, viele kommunistische Naturwissenschaftler im Westen gaben ihre Parteimitgliedschaft auf, die Landwirtschaft der Sowjetunion erlitt unabsehbaren Schaden. Wieweit ist hierfür Marx verantwortlich?

Marx' Verhältnis zur Naturwissenschaft war, wie gesagt, das eines Revolutionärs. Er kämpfte für die Autonomie der Naturwissenschaft und dagegen, daß die Philosophie die Wissenschaft der Wissenschaften bleibe. Da er jedoch ein revolutionäres Weltbild geformt hatte und in dieses Weltbild sowohl Natur – als auch Gesellschaftsgeschehen einfügte, nahm er zu naturwissenschaftlichen Feststellungen unter dem Gesichtspunkt seiner Philosophie Stellung.

Die Entwicklung der Naturwissenschaft ging ihre Wege, sie hatte ja ihre eigene Revolution. Es hat keinen Sinn, ihr einen philosophischen Überbau zu geben in dem Sinne, daß gewisse Prinzipien ausgearbeitet werden, die Allgemeingültigkeit haben sollen. Naturwissenschaftliche Theorien sind ihrem Wesen nach Arbeitshypothesen, die solange akzeptiert werden, bis Erscheinungen bekannt werden, die mit der gegebenen Hypothese nicht erklärt werden können. Da beginnt dann die Suche nach einer neuen

Theorie. Man mag die naturwissenschaftlichen Erkenntnisse und Hypothesen natürlich philosophisch interpretieren und so unser Weltbild erweitern; wir versuchen, sie kraft der harmonisierenden Fähigkeiten unseres Geistes in ein System zu bringen. Aber man kann nicht – ohne gegen die Grundprinzipien der Naturwissenschaft und ihre Entwicklung zu verstoßen – philosophische oder weltanschauliche Aspekte den naturwissenschaftlichen Erkenntnissen überordnen.

Die »Entrevolutionierung« Marx'

Marx' Verhältnis zur Naturwissenschaft ist allerdings keinesfalls dadurch zu charakterisieren, daß er sein Weltbild der Naturwissenschaft aufdrängen wollte. Er war fest davon überzeugt, daß Hegels Philosophie das Resultat induktiven Denkens war. Allerdings war Marx auf die Revolution fixiert. Lysenko hatte – und das ist typisch für alle marxistischen Dogmatiker – eben das Revolutionäre übergangen.

Das Sowjetsystem ist aus den revolutionären Lehren von Marx hervorgegangen und erkämpft worden, und es hieß nun, den revolutionären Aspekt aus den Lehren von Marx zu entfernen, damit dieses System konserviert werden konnte.

Es ging ganz und gar nicht um eine Deformierung von Marx. Seine Ansichten wurden exakt und rein logisch angewendet, genauer gesagt: seine Interpretation wurde akzeptiert, und man hat nur vergessen, »daß man nach Marx die Welt ändern und nicht nur interpretieren soll«. Doch man hat sie interpretiert, um die Welt eben nicht mehr weiter zu ändern, und man nahm die Interpretation ein für allemal als gegeben an.

Marx und die Arbeiterklasse

Das zweite Beispiel für die tragischen Konsequenzen der dogmatischen Einstellung zu Marx ist die Interpretation der Rolle des Proletariates: Marx ging davon aus, daß das Proletariat der Schöpfer aller materieller Werte ist, daß sich aus der Ausbeutung des Proletariats das Kapital ansammelt, daß weiter das Proletariat eine Klasse ist, die sich im ständigen quantitativen Wachstum befindet und immanent revolutionär ist. Zu dieser Erkenntnis gelangt, müsse das Proletariat klassenbewußt werden und eine neue Welt revolutionär erkämpfen.

Der Kampf der Arbeiterklasse um eine bessere Welt hat unter anderem auf die Wirtschaft dahingehend Druck ausgeübt, das intellektuelle Niveau, auf welchem sie sich befand, zu erhöhen bzw. Wissenschaft zu applizieren. Dies hatte jedoch zur Folge, daß eine neue Gesellsaftsschicht entstanden ist, die der geistigen Arbeiter, daß die manuellen Arbeiter zur Minderheit geworden sind, die ganz und gar nicht revolutionär sind, daß die Arbeitszeit nur noch halb so lang ist wie zu Marx' Zeiten, daß der Lebensstandard um ein Vielfaches gestiegen ist und daß die gesellschaftliche Funktion des Eigentums sich revolutionär geändert hat, ohne daß sich die Form des Eigentums geändert hätte usw.

Hat nun Marx recht gehabt mit seiner Analyse? Angenommen, er hätte vorausgesagt, daß nach hundert Jahren das geschehen wird, was sich tatsächlich ereignet hat. Seine Schriften wären als »science fiction« akzeptiert oder abgelehnt worden, sie hätten nie eine Arbeiterbewegung angeregt. Demnach wäre auch jener politische und wirtschaftliche Druck, den die Arbeiterbewegung ausgelöst hat, nie erfolgt. Die Voraussage dessen, was sich de facto ereignet hat, wäre ganz und gar falsch gewesen.

Ist nun das Proletariat jene Klasse, die Marx prophezeit hat oder ist sie es nicht? Die Antwort lautet, daß das Proletariat zugleich jene Klasse ist und nicht ist, die Marx als solche analysiert hat.

Die Dogmatiker und das Proletariat

Betrachtet man die Arbeiter »an sich«, sieht man in ihnen nur manuelle Arbeiter, ist es unverständlich, warum beide Auslegungen der Rolle des Proletariats möglich sind. Allerdings – es gibt kein Proletariat außerhalb der Gesellschaft und es gibt keine Gesellschaft, die sich nicht ändert. Demnach ist die Rolle des Proletariates, sowie jede andere Gesellschaftsschicht, veränderlich. Marx hat auch in der Bourgeoisie eine revolutionäre und progressive Gesellschaftsschicht in einer bestimmten Entwicklungsphase der Geschichte gesehen und bewiesen, daß sie in der nächsten Phase der Entwicklung parasitäre und regressive Zeichen aufweist. Es besteht ganz und gar kein Widerspruch darin, daß das Proletariat damals tatsächlich jene Qualitäten hatte, die Marx beschrieb, und daß das Proletariat heute als Gesellschaftsschicht ganz andere Eigenschaften hat.

Marx sah im Proletariat jene Klasse, die die Geschichte vorwärtstreiben und revolutionieren kann. Keine andere Gesellschaftsschicht hat sich zu einer Zeit abgezeichnet, die die revolutionäre Rolle des Proletariats übernehmen konnte. Die Anhänger von Marx, ob sie nun mehr oder weniger dogmatisch sind, akzeptieren die These, daß das Proletariat tatsächlich der Schöpfer des materiellen Reichtums ist, daß es ausgebeutet wird und daß es der Träger der Revolution ist. Was für Marx das Resultat einer Analyse war, ist für seine Anhänger ein a priori-Postulat, ja mehr, ein Axiom. Sie fragen sich nicht, wie die Welt zu ändern ist, obwohl sie immer wieder von Revolution sprechen. Ganz besonders fragen sie nicht, wie die Welt zu ändern ist, damit sie menschlich wird. Auch hier geht es um das Isolieren der Interpretation, um das Herausgreifen nicht nur aus dem historischen Kontext, sondern auch aus dem Kontext, innerhalb dessen Marx zu seinem Resultat gekommen ist.

Wissenschaft und Revolution

Marx' Gegner lehnen seine Schlußfolgerungen bezüglich des Proletariates ab, weil es heute anders strukturiert ist als zu seiner Zeit. Auch sie sehen nur seine Interpretation und nicht die revolutionäre Fragestellung. Objektive Kritiker beurteilen die Marx'sche Interpretation als solche, werten sie unter verschiedensten Gesichtspunkten; doch so wertvoll auch ihre Studien sein mögen, sie gehen am Wesentlichen der marxistischen Idee vorbei.

Das Wesentliche liegt eben darin, daß wir die Welt ändern

müssen, wenn wir eine menschliche Gesellschaft haben wollen. Der Unterschied zwischen der Welt, die Marx sah, und einer menschlichen Welt ist qualitativer Natur. Nur eine Revolution kann die neue Welt schaffen. Dazu brauchen wir eine Wissenschaft, denn es handelt sich um Probleme, die allumfassend sind. Man kann sich nicht nur mit ethischen und moralischen Aspekten begnügen, man kann nicht in der subjektiven Sphäre die Lösung finden; sowohl der geistige Überbau wie auch die materielle Basis der Gesellschaft müssen geändert werden. Eine Wissenschaft, die uns sicher in eine siegreiche Revolution zu führen vermag, muß die Gegebenheiten, die sie ändern will, genau interpretieren, aber unter dem Gesichtspunkt einer Revolution, sonst ist die Interpretation nur eine Beschreibung, eine Summe von Tatsachen, der die wesentlichsten Zeichen einer sich stets bewegenden und ändernden Welt fehlen.

Natürlich spielen moralische, ethische und subjektive Elemente eine ganz bedeutende Rolle, sowohl im Kampf um die revolutionäre Änderung als auch in der neuen Welt, aber es geht um eine revolutionäre Änderung eines Systems, und diese Änderung setzt eine Wissenschaft, die uns leitet, voraus.

Eine echte Kritik an Marx – aber auch echtes Überzeugtsein von Marx – bedeutet, daß man von Marx' Fragestellung ausgehen muß.

Leninismus = Marxismus minus Humanismus

Man könnte zum Beispiel versuchen zu beweisen, daß die revolutionäre Änderung, die Marx ersehnte, nicht auf Grund seiner Analyse erzielt werden kann. Man kann allerdings auch beweisen, daß sich die Gesellschaft zu einem späteren Zeitpunkt so weit vom Bild, das Marx sah, entfernte, daß eine neue und ganz andere Analyse notwendig wurde und wird, daß demnach andere Kräfte eine Revolution bewerkstelligen müssen und daß sogar der Begriff der Revolution neu gewertet werden muß.

Es gab viele bedeutende Denker in der Geschichte, die die Welt humaner gestalten wollten und auch Wesentliches zu einer solchen Verbesserung beigetragen haben. Marx ist allerdings der erste Denker, der eine Gesellschaftswissenschaft forderte, damit eine menschliche Gesellschaft geschaffen werden kann, und der auch die Grundsteine zu einer solchen Wissenschaft legte. Sowohl seine Schüler als auch seine Gegner haben gerade diesen Beitrag Marx' unterschätzt oder übersehen, indem sie seine Interpretation einfach angenommen und die Fragestellungen, die der eigentliche große Beitrag Marx' ist, übersehen haben. Das gilt auch von Lenin, der Marx' Interpretation einfach übernahm und seine Hauptargumente auf Fragen der Taktik und Strategie des revolutionären Kampfes konzentrierte, das humanistische Element in Marx' Fragestellung übersah, dafür aber die Barrikaden, die der Industrialisierung des zaristischen Feudalismus im Wege standen, entfernte, den Weg einer großartigen Industrialisierung beschritt und den humanistischen Inhalt der Marxschen Lehre kaum beachtete.

Die Wissenschaft interpretiert – die Laien ändern

Die Eigentumsform wurde geändert, die Rolle des Menschen blieb unverändert. So hat auch Lenin den ureigensten Sinn der Marxschen Fragestellung, wie eine humanistische Gesellschaft geschaffen werden kann, übergangen.

Im gesamten sozialistischen Lager, also überall dort, wo eine Revolution des Proletariats, die Expropriation der Expropriateure stattgefunden hat, wo in dieser oder jener Form die Konzeption der Diktatur des Proletariats angenommen wurde, akzeptierte man einfach die Interpretation von Marx. Wenn man Marxismus mit den Lehren von Marx identifizieren will, dann sind alle Abarten im sozialistischen Lager marxistisch zu nennen. Betrachtet man jedoch Marxismus als den dauerhaften Beitrag von Marx, nämlich seine Fragestellung und sein Konzept von der Aufgabe der Gesellschaftswissenschaft, dann müssen wir feststellen, daß Marx ganz und gar vergessen wurde. Seine Fragestellung existiert nicht und daher gibt es auch keinen Sozialismus.

Nur – im Jahre 1968 wurde in der Tschechoslowakei die Frage gestellt, wie eine Gesellschaft aufgebaut werden soll, die ein menschliches Gesicht trägt. Die bloße Fragestellung hat die Sowjetunion zur militärischen Okkupation veranlaßt. In der kapitalistischen Welt, die – sofern man die Definition von Marx akzeptiert – gar nicht mehr so kapitalistisch ist und in der Tat mehr sozialistische Elemente aufweist als das »sozialistische Lager« – wird auch nur die Interpretation von Marx behandelt und seine Fragestellung übergangen. Während im Osten Marx dogmatisiert, revidiert, reformiert wird, ist die Gesellschaftswissenschaft im Westen von Marx' Fragestellung ganz und gar unberührt. Die westliche Gesellschaftswissenschaft will interpretieren und nicht ändern. Ändern – das sei die Aufgabe der Laien, also der Politiker. Die westliche Gesellschaftswissenschaft will wertfrei sein.

Die Wichtigkeit der Fragestellung

Wie die Welt aussehen soll, ist von den Politikern zu entscheiden. Haben sie Entscheidungen getroffen, sollen Wissenschaftler empfehlen, was zu tun ist, damit das Ziel der Politiker erreicht wird. Ziele der Politiker sind Machtinteresse, Parteiinteresse, verschiedenste Formen von »vested interests«. Der Mensch verschwindet. Nur in seiner Eigenschaft als Wähler, Produzent, Konsument taucht er auf.

Der Homo humanus ist ausgeschaltet.

Die Gesellschaftswissenschaft stellt sich die Aufgabe, gesellschaftliche Phänomene und Beziehungen zu interpretieren. Das ist eine Aufgabensstellung, die an dem Wesen der Gesellschaft vorbeigeht und sich an die Aufgabenstellung der Naturwissenschaft anlehnt.

Die Naturwissenschaft mußte – um zur echten großen Wissenschaft zu werden – ebenfalls eine richtige Fragestellung erarbeiten. Solange die Frage lautete, warum sich etwas in der Natur abspielt, oder solange die Frage der Wahrheit als ein Kriterium der Naturwissenschaft akzeptiert war, konnte es nicht zur weiteren Entwicklung kommen. Man mußte sich die Aufgabe stellen, zu erklären, wie sich Prozesse in der Natur abspielen; die Aufgabe der Theorie war es, so umfassend wie möglich alle beobachteten Erscheinungen in diesem Sinne erklären und interpretieren zu können. Jede Theorie konnte auf ihre Richtigkeit geprüft werden; wurden nun neue Erscheinungen beobachtet, so war dies ein Ansatzpunkt für eine neue Theorie. Allerdings ist diese Fragestellung aus dem Wesen des Studienobjektes abgeleitet worden. Das Objekt des Studiums, die Natur, existiert unabhängig vom Menschen, ist nicht Menschenwerk und ist als System, wenigstens relativ gesehen, innerhalb menschlicher Zeiteinheiten stabil.

Man kann nicht die gleiche Methode bei der Gesellschaftswissenschaft anwenden. Die Gesellschaft ist Menschenwerk, sie ist das ununterbrochen, sie wird also ständig von Menschen geändert, ob sie es beabsichtigen oder nicht.

Die Wissenschaft als Wegweiser

Wir sind daher berechtigt anzunehmen, daß wir in die Lage kommen könnten, die Zukunft zu bestimmen. Waren wir es bisher nicht, so offensichtlich deshalb nicht, weil wir kein Instrument besaßen, das uns die Möglichkeit gegeben hätte, die Zukunft zu planen. Wir brauchen eine Wissenschaft, die unsere Handlungen leitet. Es genügt nicht guter Wille, es genügen nicht ehtische Motive. Wir müssen ein hohes Niveau des Denkens entwickeln. Die Aufgabe der Wissenschaft wäre demnach, sowohl das Ziel zu formulieren, als auch den Weg, auf dem dieses Ziel zu erreichen ist, abzustecken.

Wollen wir eine humanistische Gesellschaft, so müssen wir

das humanistische Postulat in die Gesellschaftsproblematik integrieren, also ein Gesellschaftssystem ausarbeiten, das auf den Prinzipien des Humanismus aufgebaut ist, und wir müssen außerdem einen ungeheuren Komplex von Maßnahmen ausarbeiten, die den gegebenen Zustand überwinden und den Weg zu einer höheren Gesellschaftsformation bahnen. Die Größe von Marx' Werk lag eben darin, daß er diese Aufgabe formuliert hat. Seine Vorstellung von einer höheren Gesellschaftsordnung betrachtete er als eine wissenschaftliche Tat. Er versuchte, wissenschaftlich eine Zeit zu interpretieren, um zu sehen, worin die Ursache allen Übels lag. Nachdem er dies einmal festgestellt hatte, sah er die Notwendigkeit, dieses Übel zu beseitigen, und er untersuchte auch, welche gesellschaftlichen Kräfte diese große Revolution vollbringen können. Das ist eine Fragestellung oder Aufgabenstellung, die grundsätzlich von jener der Naturwissenschaftler abweicht. Daß Marx trotzdem die Methode der Naturwissenschaft anwandte und annahm, daß das gesellschaftliche Geschehen letzten Endes von Gesetzmäßigkeiten bestimmt werde, die im Wesen von jenen der Natur nicht grundverschieden sind, ist offensichtlich ein Widerspruch, der allerdings eigentlich seine Argumentation und nicht das Wesen seiner Betrachtungen beeinflußt.

Die Krise der Gesellschaftswissenschaft

Ich glaube, daß die Krise unserer Zeit in nicht geringem Maße die Krise unserer Gesellschaftswissenschaften widerspiegelt. Ein so kompliziertes System, wie es die moderne

Gesellschaft darstellt, kann nicht pragmatisch oder rein empirisch bewältigt werden. Wir müssen ein hohes Niveau des Denkens anwenden, um die Aufgaben, vor denen wir stehen, zu lösen. Wir brauchen daher eine Wissenschaft, die sich die Aufgabe stellt, ein Zukunftsmodell auszuarbeiten, und uns berät, mit welchen Maßnahmen wir das Ziel erreichen können.

Die Entwicklung der Gesellschaftswissenschaft ist von diesem Weg abgewichen. Die Physiokraten und die Klassiker haben sich die Frage gestellt, wo die Quelle des Reichtums liegt und wie die wirtschaftlichen Beziehungen beschaffen sein müssen, damit die Quellen des Reichtums extrem ergiebig sind. Sie haben wenigstens auf dem Gebiet der Volkswirtschaft eine Fragestellung ausgearbeitet, die die Grundlage einer autonomen Wissenschaft bilden kann. Marx ist einen großen Schritt weitergegangen: er hat zwar auch die ökonomische Frage betont und in der Wirtschaft die Basis gesehen, aber er hat das gesamte gesellschaftliche Problem ins Auge gefaßt und die Problematik der Entwicklung der Gesellschaft als die Aufgabe der Wissenschaft angesehen. Sowohl die Physiokraten als auch die Klassiker sahen ihre Aufgabe darin, nicht in das Geschehen einzugreifen. Es gibt nach dem Gründer der Physiokratischen Schule – Quesnay – ein »ordre naturelle«, nach dem Gründer der klassischen Schule – Smith – eine »unsichtbare Hand«, die alles harmonisiert. Marx kam zu dem Schluß, daß die Menschen eingreifen müssen, daß sie die Zukunft planen können und planen sollen.

Diese Aufgabenstellung, die Marx formuliert hat, wird auf die Dauer nicht umgangen werden können. Man kann den Dingen keinen freien Lauf lassen, es gibt kein »ordre naturelle« und keine »unsichtbare Hand«, und je weiter sich die Gesellschaft entwickelt, desto drohender ist die Tatsache, daß wir kein wissenschaftliches Instrumentarium haben, das uns befähigt, eine menschenwürdige Zukunft zu planen und zu erreichen.

Wegweiser und Irrweg

Der große Erfolg von Marx' Lehren liegt vor allem darin, daß er der Menschheit eine richtige Aufgabenstellung vorlegte: Es gibt eine bessere Welt als die, in der wir leben und es sollte möglich sein, diese bessere Welt zu erkämpfen. Marx hat eine ganze Reihe von Maßnahmen aufgezeigt: die Notwendigkeit, die Eigentumsform zu ändern, die Aufgaben des Proletariates, die Rolle der Bourgeoisie, die Rolle der Revolution, den Zusammenhang zwischen gesellschaftlichem Unterbau und Überbau, das Problem der Abschaffung und Akkumulation des Reichtums und andere, auf die sich die große Revolution stützen sollte.

All diese Maßnahmen hat Marx aus der Interpretation seiner damaligen Gegenwart und der Vergangenheit, also der Geschichte der Menschheit, entwickelt.

Marx' Weltbild vermochte progressive Kräfte wachzurufen, die eine neue Entwicklung einleiteten, die jedoch keinesfalls das, was Marx voraussah, zeitigten. Jedoch dieselben Gedanken, die in einer Phase die Entwicklung vorwärtsbrachten, wirkten auf der nächsten Stufe regressiv. Das, was progressiv war, wird regressiv – das gilt nicht nur für die Bourgeoisie.

Deshalb ist Marx' Werk sowohl Wegweiser, aber zugleich auch tragischer Irrweg. Was allerdings von Marx als großes Erbe weiterlebt, ist die Aufgabenstellung. Man mag Marxismus verschieden definieren. So manche vertreten die Ansicht, daß Marxismus die Summe von Marx' Lehren darstellt, andere meinen, es ist die Methode des Denkens, die mit dem Marxismus identifizierbar ist. Nach meiner Ansicht ist Marxismus *seine* Fragestellung. Natürlich ist es eine Frage der Konvention, welche dieser verschiedenen Definitionen des Marxismus akzeptiert wird. Allerdings sollte dieses klar sein: akzeptiert man Marx' Fragestellung, so kann man nicht seine Interpretation und jene Maßnahmen, die sich aus seiner Interpretation ergeben, akzeptieren.

Das große »Entweder – Oder«

Marx interpretierte eine Sicht, die sich geändert hat und die grundverschieden von der heutigen ist. Demzufolge müßten wir die heutige Sicht interpretieren und aus dieser neuen Interpretation Maßnahmen und auch unser Zukunftsbild ableiten. Humanismus in der Zeit des Atomzeitalters ist ein Begriff ganz anderen Inhalts als es der Humanismus während der industriellen Revolution war.
Ich glaube, daß praktisch keine einzige Lehre, ja kein einziger Begriff, den Marx anwandte, heute sinngemäß angewendet werden kann, zumindest nicht in dem entwickelten Teil unserer Welt. Allerdings – man sollte nicht übersehen, daß eine ganze Reihe von Begriffen, die Marx formulierte, heute Allgemeingut geworden sind und sowohl von seinen Anhängern als auch von seinen Gegnern und auch von jenen, die Marx' Lehren gar nicht kennen, ange-

wandt werden. Die historisch-progressive Rolle des Proletariats, der Gegensatz zwischen Kapitalismus und Sozialismus, die Rolle des Eigentums, das Ideal der Planwirtschaft, das Konzept der Ausbeutung und des Profits, die Rolle des Kapitals – all dies wird angewandt und bestimmt sogar das politische Klima unserer Welt. Besonders die Rolle des Eigentums und der Konflikt zwischen Kapitalismus und Sozialismus sind heute Allgemeingut und zu großen Gefahren geworden, die die physische Existenz der Menschheit bedrohen.

Wir sind Zeuge der Renaissance des Marxismus. Das gilt auch für ein Land wie Amerika, das so wenig wie kein anderes Land von der Problematik, die Marx sah, betroffen ist. Man akzeptiert von Marx' Werk den Irrweg, seine Interpretation, aber nicht seinen Wegweiser, die Fragestellung.

Marx' Lehre – ein spezieller Fall

Akzeptieren wir Marx' Wegweiser, die Frage- und Aufgabenstellung und sind wir wirklich willens, eine Gesellschaft zu gründen, in deren Mittelpunkt der Mensch stehen soll, so sollten wir aus den vergangenen hundert Jahren Lehren ziehen, um nicht auf einem Irrweg zu verbleiben. In meinen Erwägungen gehe ich deshalb von folgenden Prämissen aus: erstens, Marx' Lehre hat dazu beigetragen, die Entwicklung vorwärts zu treiben, und zweitens, die großen Ziele, von denen er ausging, sind nicht erreicht worden. Im Gegenteil – eine weitere Applizierung seiner Lehren wurde zur großen Gefahr. Die Entwicklung der

Sowjetunion, die Hitlers Erbe antrat, ist eine nicht zu unterschätzende Warnung.

Aus diesen Prämissen folgt, daß die Lehren von Marx in einer bestimmten Phase richtig waren und in einer weiteren Entwicklungsphase ins Gegenteil umschlugen und unwillkürlich die Gültigkeit des dialektischen Prinzipes, nämlich der Negation, bestätigten.

Hat das theoretische Gebäude von Marx seine Zeit sowohl unter dem Gesichtspunkt der sichtbaren Probleme und Kräfte als auch unter dem Gesichtspunkt des Niveaus des Wissens seiner Zeit interpretiert, so müßten wir heute eine Interpretation unserer Zeit ausarbeiten, die zwar durch das Niveau unseres Wissens limitiert ist, jedoch in der Lage sein sollte, sowohl die Zeit von Marx als auch unsere Zeit richtig zu interpretieren. Dann wäre die Lehre von Marx als spezieller Fall einer allgemeineren Lehre zu betrachten.

Der Sprung vom Progressiven zum Regressiven

Die Aufgabe, vor der wir nun stehen, besteht darin, zu untersuchen, worin sich die heutige Gesellschaft der entwickelten Länder von derjenigen der Länder unterscheidet, die Gegenstand von Marx' Untersuchungen waren, beziehungsweise worin das Spezifische dieser Formation liegt. Konfrontieren wir nun die Entwicklung seit Marx mit seiner Analyse und seinen Erwartungen sowie den Auswirkungen seiner Lehre auf diese Entwicklung, so werden wir sehen, wieweit sich Marx' Lehre progressiv und wieweit sie sich regressiv auswirkte, und auf welcher Entwicklungsstufe der Sprung vom Progressiven zum Regressiven erfolgte.

Es sei wiederholt, daß es hier ganz und gar nicht darum geht, Marx' Philosophie, Ökonomie, Anthropologie, Soziologie usw. zu werten, sondern ausschließlich darum, zu untersuchen, wieso und warum das, was ich an Marx als das Wesentliche betrachte – nämlich den Willen, eine humanistische Welt zu schaffen – gelungen oder nicht gelungen ist, beziehungsweise wieweit es gelungen ist, oder wieweit das genaue Gegenteil erzielt wurde.

Die Arbeit

Die Arbeit als Stoffwechsel der Natur

Der grundlegende Begriff, auf dem Marx' ganzes Gedankengebäude ruht, ist die Arbeit. Marx vermochte nicht nur, den Produktionsprozeß, die Entstehung des Reichtums, ja die gesamte Wirtschaft mit einem einzigen Prinzip zu erklären, er hat auch die Geschichte der Menschheit, den geistigen Überbau, mit einem Wort: alles gesellschaftliche Geschehen, ja selbst das Verhältnis des Menschen zur Natur auf sein Konzept der Arbeit zurückgeführt. Das ist an und für sich eine bedeutende wissenschaftliche Tat und es scheint daher angebracht, daß wir uns mit diesem Begriff befassen. Ist es doch unsere Aufgabe, festzustellen, wo der Übergang vom Wegweiser zum Irrweg stattfand, wo die Applizierung von Marx' Lehren vom Progressiven ins Regressive umschlug.

Die Natur zwingt – nach Marx – den Menschen, zu arbeiten. Er wird, um genau zu sein, Mensch dadurch, daß er arbeitet. Die Arbeit hat einen entscheidenden Anteil daran gehabt, daß sich aus dem Affen der Mensch entwickelt hat.

Weiter lehrt Marx, die Arbeit sei eine grundlegende Bedingung der menschlichen Existenz. In diesem Sinne kann man sagen, die Arbeit hat den Menschen geschaffen. Arbeit ist eine ewige Notwendigkeit, die die Natur dem Menschen aufgezwungen hat; ohne Arbeit gäbe es keinen materiellen

Austausch zwischen Natur und Mensch, keinen Metabolismus zwischen Mensch und Natur, und das bedeutet: es gäbe auch kein Leben.

Die Arbeit ist ein Prozeß, der sich zwischen Menschen und Natur abspielt. Der Mensch steht der Natur als eine Naturkraft gegenüber, er setzt seine Arme, Füße, seinen Kopf in Bewegung, die in seiner Körperlichkeit liegenden Naturkräfte, um sich die Früchte der Natur anzueignen. Auf diese Weise, indem er also auf die Natur einwirkt und sie ändert, ändert er sich selbst. Marx sieht im Verhältnis Mensch–Natur eine Art Metabolismus. Es ist im Wesen kein Konfliktverhältnis, sondern es sind Beziehungen, die sich aus dem Wesen des Stoffwechsels ergeben. Das bedeutet, daß der Mensch der Natur nur als ein Teil der Natur gegenübersteht.

Marx betont jedoch, daß der Arbeitsprozeß, der Stoffwechsel mit der Natur, immer in irgendeiner Form menschlicher Gemeinschaft, also innerhalb und durch eine bestimmte Form der Gesellschaft stattfindet. Der Mensch ist daher ein politisches Tier, zumal er sich nur in einer Gesellschaft entwickeln kann. Zunächst arbeitete der Mensch, um leben zu können, um seine unumgänglichen Bedürfnisse zu befriedigen. Erst, als sich die Gesellschaft in Klassen teilte – in die Klasse der Herrschenden und der Unterdrückten – bestimmten die Interessen der herrschenden Klasse, welche Art und wieviel Arbeit von den Unterdrückten geleistet werden mußte.

Tier – Mensch. Instinkt – Bewußtsein

Der Mensch arbeitet also nicht mehr, um seine eigenen Bedürfnisse zu befriedigen, sondern er muß die Bedürfnisse anderer, der herrschenden Klasse, befriedigen, um überhaupt existieren zu können. Marx sieht in einem bestimmten Sinn eine Ähnlichkeit mit den Tieren. Denn auch die Tiere leben in einer Art metabolistischem Verhältnis zur Natur und beschaffen sich die notwendigen Mittel, um ihre Bedürfnisse zu befriedigen. Auch sie setzen, gezwungen von der Natur, Füße, Körper und Kopf in Bewegung, um sich die für ihr Leben notwendigen Früchte der Natur anzueignen. Denn Tiere arbeiten auch; den Unterschied zwischen der Arbeit der Tiere und der des Menschen sieht Marx darin, daß die Tiere primitiv und instinktiv arbeiten, wogegen der Mensch vorbedacht, geplant und auf ein gewisses, von ihm bestimmtes Ziel hinarbeitet. Ein Tier verbraucht nur die Früchte der Natur, der Mensch reproduziert sie auch. Beobachtet man Tiere höherer Ordnung, so wird man finden, daß ihre Tätigkeit dennoch an Methoden von Menschen erinnert, obwohl sie instinktiv handeln. Eine Biene kann einen Architekten beschämen. Den großen Unterschied sieht Marx darin, daß beim Menschen im Zuge der Entwicklung der Instinkt durch das Bewußtsein ersetzt worden ist, und dies ist für den Menschen typisch geworden. Wenn der Mensch arbeitet, so existiert das Endprodukt seiner Arbeit schon in seiner Vorstellung, und dieser Vorstellung ordnet er seinen Willen unter.
Demzufolge meistert der Mensch die Natur, wogegen die Tiere die Natur nur benutzen.
Auf einer bestimmten Entwicklungsstufe zeichnet sich

diese grundlegende Differenz zwischen Menschen und Tieren ab. Es ist die Arbeit, die Wechselwirkung zwischen Mensch und Natur, die diesen Prozeß erzeugt.

Mensch und Tier: Geschöpfe der Natur

Im marxistischen Gedankengebäude hat Darwins Theorie des Kampfes um die Existenz, der natürlichen Auswahl des Tüchtigsten in der Natur keinen Platz. Akzeptiert wird Darwins Feststellung der gegenseitigen Wirkung der Umgebung und des Menschen. Im Zuge dieser Wechselwirkung wachsen die Fähigkeiten des Menschen, die Natur zu meistern und zu ändern; in gleichem Maße ändert sich der Mensch selbst. So folgen der Jagd, Landwirtschaft und Viehzucht, dem Spinnen, Weben und der Metallbearbeitung später Handel und Industrie und schließlich Kunst und Wissenschaft. Menschen schaffen Gesetze, machen Politik; all dieses Geschehen und das Geschehen in seiner Umwelt reflektiert der Mensch in seinem Geist. Marx moniert, daß es vielen Denkern so schien, als ob die Entwicklung ein Resultat des Geistes sei; die Bedeutung der Arbeit der Hände wurde unterschätzt und der Geist in den Vordergrund gestellt, gelang es doch bereits in einer frühen Entwicklungsetappe, von der Arbeit anderer zu leben. So kam es dazu, daß diese Denker Handlungen von der geistigen Tätigkeit ableiteten und ein idealistisches Weltbild formten. Marx wirft sogar Darwin vor, unter dem Einfluß der idealistischen Ideologie die Rolle der Arbeit in der Entstehung und Entwicklung des Menschen unterschätzt zu haben.

Marx spricht den Menschen an als ein »gesellschaftliches Tier«, ein »Werkzeuge schaffendes Tier«, ein »Feuer erzeugendes Tier«, ein »Klassentier« usw. Der Zusammenhang zwischen Tier und Mensch, gegeben als ein Zusammenhang durch die Tatsache, daß beide Schöpfungen der Natur sind und denselben Gesetzmäßigkeiten unterliegen, und daß der Metabolismus zwischen Natur und ihren Geschöpfen gleichermaßen existiert, ist immer wieder von Marx betont worden. Die idealistische Philosophie, die beanspruchte, alles aus der Sphäre des Geistes zu erklären, war daher gegen die induktive Methode, auf der die Wissenschaft beruhte – und demzufolge gegen die Wissenschaft selbst gerichtet. Im Kampf gegen diese Philosophie stellt Marx die körperliche Tätigkeit, die Arbeit, dem Geist gegenüber und betont diese materialistische Seite.

Widersprüche in Marx' Gedankenbild

Hier scheint der grundlegende innere Widerspruch im marxistischen Gedankenbild zu liegen. Wohl unterscheidet sich – nach Marx – der Mensch vom Tier dadurch, daß er das Endprodukt in seinem Kopfe schafft, bevor er es mit seinen Händen erzeugt. Es existiert also eine schöpferisch-geistige Tätigkeit, die der Arbeit vorausgeht und der der Mensch seinen Willen unterordnet. Allerdings – die Betonung wird auf die Arbeit gelegt, aus der sich diese geistige Fähigkeit des Menschen entwickelt. Die Eigenart dieses Widerspruches liegt nun darin, daß Marx für die Autonomie der Naturwissenschaft gekämpft hat – und dies zu einer Zeit, da die idealistische Philosophie, insbesondere

die Theologie, sich anmaßte, letzte Wahrheiten auszuspre-
chen und der Wissenschaft diese überzuordnen. So ist der
Kampf gegen die Präponderanz des Geistes, der Idee, geführt worden bis zu einem Grade, da er ganz in den Hintergrund gedrängt wurde.

Ein weiterer Widerspruch, der eine logische Folge dieses
Widerspruches ist, besteht darin, daß Marx, obwohl er
eine humanistische Gesellschaft erkämpfen wollte, das spezifisch menschliche Element, nämlich die Fähigkeit des
Menschen, zu denken, bewußt unterschätzt hat.

Falls wir daher bei der Applizierung des Marxismus in
allen sozialistischen Ländern ausgeprägte antihumanistische Tendenzen sehen, so muß dies als Folge des marxistischen Gedankenbaues, als etwas in diese Ideologie Ein-
gebautes und nicht etwa als eine Deformation betrachtet
werden. Auch wenn man den Unterschied zwischen dem
jungen Marx, dessen Ansichten einen tiefen humanistischen
Inhalt aufweisen, und dem alten Marx betont, so muß
doch gesagt werden, daß auf den Promissen, auf denen
Marx seine Philosophie der Revolution ausbaute, die humanistischen Elemente keinen Raum hatten.

Die Saat des Unmenschlichen

Eine Konzeption, die davon ausgeht, daß gleichermaßen
in der Gesellschaft wie in der Natur eine naturhistorisch
bedingte Revolution die Entwicklung vorwärts treibt, ist
in ihrem tiefsten Wesen unhumanistisch, denn sie unterschätzt das spezifisch Menschliche, den Unterschied zwischen der biologischen und gesellschaftlichen Geschichte der

Menschheit. Auch die Annahme, daß durch Änderung der Form des Eigentums ein totaler Mensch entsteht, zeigt, wie sehr der Mensch in dem Gedankenbau von Marx die Rolle eines Objektes spielt. Im Verhältnis Objekt-Subjekt ist der Mensch als Objekt der Natur und Gesellschaft in den Vordergrund getreten. Es scheint daher notwendig zu sein, daß wir uns mit dem Problem des Verhältnisses Mensch-Natur befassen, das eigentlich der theoretische Ausgangspunkt Marx' war und auf dem er das Konzept der Arbeit, des Grundbegriffes seiner Lehre, aufgebaut hat, um zu sehen, wie der Widerspruch zwischen dem humanistischen Wegweiser und dem antihumanistischen Irrweg entstand und in welcher Entwicklungsphase er sich auswirkte.

Ich sprach bisher und werde es auch weiter tun, von Marx' Lehre und Gedankengebäude, obwohl viele Thesen, die ich anführe, von Engels stammen. Es existieren viele Studien, die nachzuweisen versuchen, daß es zwischen den Ansichten von Marx und Engels Unterschiede, mitunter sogar Widersprüche gibt. Im Rahmen dieser Untersuchungen sind diese Widersprüche unwesentlich. Engels mag manche Ansichten von Marx nicht ganz folgerichtig ausgearbeitet haben, es gibt aber unter keinen Umständen wesentliche Differenzen oder wesentliche Widersprüche. Engels versuchte, Marx' Gedanken und seine Philosophie auf Gebiete zu übertragen, mit denen sich Marx nicht oder nur wenig befaßte.

Mensch und Tier

Die physiologischen Bedürfnisse hören auf, die bestimmende Rolle zu spielen

Akzeptieren wir die These vom metabolistischen Verhältnis zwischen Mensch und Natur, so können wir die Arbeit des Menschen nur in einer primitiven Gesellschaft so interpretieren wie es Marx tat. Da geht es wirklich bloß darum, daß der Mensch gezwungen wird, auf die Natur einzuwirken und ihr Güter zu entreißen. Die Lage der Arbeiterschaft zu Zeiten von Marx, ganz besonders in der ersten Hälfte des vorigen Jahrhunderts, rückte die Arbeit wieder in den Bereich des Kampfes um die nackte Existenz. Der Arbeiter mußte jedoch vielmehr arbeiten, als er zur Unterhaltung ihrer Existenz brauchte. Das Produkt der Mehrarbeit hat sich die herrschende Klasse angeeignet. Allerdings, schon Arbeitsteilung und erhöhte Produktivität der Arbeit erweiterte den Arbeitsprozeß um neue Elemente, den man nicht mehr nur durch das Verhältnis des Arbeiters zur Natur interpretieren kann. Doch darüber später mehr.

Betrachten wir jedoch die Arbeit in einer modernen Wirtschaft, so kommen wir mit der Konzeption von Marx ganz und gar nicht aus. Automation läßt sich durch den Metabolismus ganz und gar nicht erklären. Auch die Tatsache, daß es genügen würde, ein bis zwei Tage in der Woche zu arbeiten, um eine Entlohnung zu erhalten, mit der der Mensch sein Leben fristen könnte (er arbeitet aber mehr, weil er bestimmte Güter haben will, die keine Existenzbedingungen darstellen), überschreitet die Grenze der Marxschen Konzeption. Die physiologischen Bedürfnisse sind nicht mehr der ausschlaggebende Impuls für die Arbeit. Wie ist es auch zu erklären, daß der Reichtum der Völker wächst, obwohl die manuellen Arbeiter zur Minderheit werden, daß das wirtschaftliche Niveau der Arbeiter steigt, obwohl sie weniger arbeiten und sich viel weniger bei der Verrichtung der Arbeit anstrengen müssen? Wie kann man behaupten, daß der manuell arbeitende Arbeiter den Reichtum schafft, wenn der Reichtum in dem Maße wächst, in dem der Anteil der manuellen Arbeit sinkt?

Konflikt, nicht Stoffwechsel

Kann man die Rolle, die die geistigen Fähigkeiten spielen, heute noch übersehen? Hat sich die moderne Industrie in derselben Art entwickelt wie die Arbeitsfähigkeiten des Menschen im Verlauf der Arbeit? Geht es hier tatsächlich um eine Entwicklung im Rahmen der Wechselwirkung zwischen Mensch und Natur im Arbeitsprozeß? Gibt es nicht eine Wissenschaft, die nicht aus dem Arbeitsprozeß entsteht, sondern sich unter spezifischen Bedingungen entwickelt und den Arbeitsprozeß revolutioniert? In der Tat gibt es keine Kontinuität zwischen der manuellen Arbeit einer primitiven Gesellschaft und der Arbeit in einer modernen Industrie. Offensichtlich ist die Interpretation von Marx nur auf eine bestimmte Entwicklungsepoche anwendbar und somit Spezialfall. Wir müssen daher eine allgemeine Erklärung suchen, die sowohl in der Lage ist, die

Art der Arbeit und die Probleme, die Marx sah, zu erklären als auch das Wesen der neuzeitigen Produktion.

Keinesfalls kann man das Verhältnis zwischen Mensch und
Natur als ein idyllisches metabolistisches Verhältnis ausle-
gen. Man kann auch nicht bestimmte Feststellungen Darwins nur deshalb übergehen, weil sie nicht in ein bestimmtes Weltbild einfügbar sind. Übrigens ist seit Darwin ungeheures faktografisches Material angesammelt worden.
Wir sehen die Bestätigung: den Kampf in der Natur und
den Konflikt in der Beziehung zwischen Mensch und Natur. Wir kämpfen gegen die Natur, gegen unsere Abhängigkeit von der Natur und benützen in diesem Kampf die
Wissenschaft. Dabei ist es einerlei, ob es sich um Güter handelt, die wir zur Existenz brauchen oder um Güter, die
einen erhöhten Lebensstandard ermöglichen, ob es sich um
Dienstleistungen handelt, die früher gar nicht existierten
oder wir gegen jene Form der Abhängigkeit von der Natur kämpfen, die zur Aufgabe einer wissenschaftlichen Disziplin, der Medizin, wurde.

Es scheint daher angezeigt, nicht vom Metabolismus, sondern vom Konflikt zwischen Mensch und Natur auszuge-
hen. Es geht hier um keine philosophische oder weltanschauliche Frage, obwohl die Fragestellung hierzu verlei-
ten könnte. Da es uns hier ganz und gar nicht um eine
theoretische Abhandlung über Marx' Gedankengut geht,
sondern um die Auswirkungen seiner Lehren und namentlich darum, diese Auswirkungen als eine Quelle von Erfahrungen zu betrachten, scheint es mir gerechtfertigt, von
Marx' Ansichten zu sprechen, auch wenn manche von Engels interpretiert oder formuliert wurden.

Die materialistische und die idealistische Interpretation

Wir wollen den Konflikt zwischen Mensch und Natur zum Ausgangspunkt unserer Erwägungen machen und versuchen, die Arbeit, so wie sie sich seit der Vorgeschichte der Menschheit bis zum heutigen Tag entwickelt hat, zu verstehen.

Man kann noch den Beginn der landwirtschaftlichen Tätigkeit des Menschen als Ausdruck seiner Wechselbeziehung zur Natur, wie sie Marx sieht, interpretieren. Bestimmt wäre ohne das Phänomen Hunger eine Landwirtschaft nicht entstanden. Sie wäre auch dann nicht entstanden, wenn die Natur von sich aus genügend Nahrungsmittel geboten hätte oder wenn der Mensch von den Nahrungsmitteln hätte leben können, die in der Natur ausreichend vorhanden sind.

Aber es würde zu weitgehen, wenn wir die moderne Landwirtschaft mit ihren Maschinen, den zahlreichen wissenschaftlichen Disziplinen, die sie anwendet, einfach durch das Phänomen Hunger erklären wollten. Bestimmt gäbe es ohne dieses Phänomen keine Landwirtschaft, aber dieses Phänomen genügt nicht, um Entstehung und Entwicklung der modernen Landwirtschaft zu erklären.

Marx lehnte es ab, die Entwicklung als bloße Funktion des Geistes zu akzeptieren. Sollten wir den Konflikt Materialismus/Idealismus, wie ihn Marx verstanden hat, am Beispiel Landwirtschaft anwenden, so würde das idealistisch interpretiert, bedeuten, daß die moderne Landwirtschaft als Folge der geistigen Entwicklung zu verstehen ist. Marx weigert sich, diese Priorität des Geistes zu akzeptieren.

Für den materialistischen Philosophen Marx wären es die Bedürfnisse des Menschen, die seine landwirtschaftliche Tätigkeit erzwingen. Die moderne Landwirtschaft müßte man dann nach Marx aus den materiellen Interessen der herrschenden Klasse ableiten.

Dieses Beispiel scheint vereinfacht zu sein, doch der Unterschied zwischen der materialistischen und idealistischen Philosophie war bei Marx sehr simpel.

Homo sapiens

Nach Marx ist die grundlegende Frage der Philosophie die Beziehung zwischen Denken und Sein. Jene, die im Geist das Primäre sehen und der Natur überordnen, bilden das Lager der Idealisten. Jene, die die Natur als das Primäre akzeptieren und das Denken oder das geistige Schaffen im allgemeinen von der Materie ableiten, sind die Materialisten.

Wollen wir jedoch das Problem Mensch-Natur behandeln, müssen wir zunächst ein Koordinatensystem schaffen, aus dem wir unsere Behauptung ableiten können. Ohne ein Koordinatensystem hat eine Behauptung keinen Sinn. Wir können die Beziehung Mensch–Natur beispielsweise im Koordinatensystem der Biologie oder aber im Koordinatensystem der Gesellschaftswissenschaft betrachten. Sprechen wir vom Menschen als einem Mitglied der Gesellschaft, sehen wir ihn also im Koordinatensystem der Gesellschaft, so müssen wir den denkenden Menschen, den homo sapiens, als Einheit betrachten. Sprechen wir jedoch vom Menschen als biologische Entität, dann ist das entsprechende Koordinatensystem die biologische Geschichte des Menschen.

Wir sprechen vom Menschen, weil er kein Tier mehr ist, und es ist widersinnig, vom Menschen als einem nur Feuermachenden, werkzeugbedienenden gesellschaftlichen Tier zu sprechen. Es ist natürlich nicht ohne Interesse, wie sich die Entwicklung zum homo sapiens abgespielt hat, aber wie immer dieser Prozeß verlaufen ist, wir müssen mit soziologischen Erwägungen bei dem Zeitpunkt beginnen, von wo an der denkende Mensch existiert.

Fassen wir nun die Beziehung Mensch-Natur als auf Konflikt beruhende Beziehung an, nehmen wir also an, daß der Mensch zwar ein Naturgeschöpf ist wie jedes andere, daß jedoch die Natur nicht automatisch für die Befriedigung der natürlichsten Bedürfnisse sorgt, so haben wir den Grundkonflikt formuliert.

Die Arbeit als Kampf gegen die Natur

Zugleich stattet die Natur den Menschen mit einer Waffe aus, die ihn befähigt, die Natur zu bekämpfen, seine Abhängigkeit von der Natur zu vermindern und in diesem Sinne freier zu sein. Er erzielt ein höheres Maß an Freiheit, indem er diese seine Fähigkeit, zu denken, entwickelt.

Diese Fähigkeit entwickelt der Mensch im Kampf gegen die Natur, und dieser Kampf heißt Arbeit.

Auf einer niedrigen Entwicklungsstufe dominiert der Druck der Natur, die Fähigkeiten, zu denken, sind kaum entwickelt, aber immer ist die Arbeit ein Ausdruck der Fähigkeit, zu denken. Der Mensch muß fähig werden, aus der unendlichen Zahl zeitlicher Zusammenhänge ursächliche Zusammenhänge herauszufinden, in Kategorien von Ursache und Wirkung zu denken und dadurch eine zielbewußte Tätigkeit zu entfalten. Die Entwicklung der Menschheit zeigt, daß der Impuls aus dem Konflikt Mensch–Natur immer existiert und immer existieren wird, weil eben dieser Konflikt ein seinem Wesen nach ewiger Konflikt ist. Doch es ist keinesfalls der einzige Impuls, der den Menschen dazu motiviert, zu denken. Es kommen noch ganz andere Motive und Impulse hinzu, und nicht der bedeutungsloseste ist derjenige, der im Menschen selbst liegt.

Vom Standpunkt der Soziologie, Ökonomie, Geschichte und auch der Anthropologie ist die Frage, ob das Primäre der Geist oder das Sein ist, ganz und gar nicht wichtig, denn für alle diese wissenschaftlichen Disziplinen ist die letzte Einheit der *denkende Mensch*. Dieses Atom der Gesellschaft kann nicht mehr geteilt werden in Geist und Sein.

Die Transformation von Naturkräften in Nutzkräfte

Wenn Marx anführt, daß der Mensch mit der Natur konfrontiert ist als eine ihrer Kräfte, und er seine Arme, Füße, Kopf und Hände in Bewegung setzt, um sich Naturprodukte anzueignen und sie entsprechend seinen Bedürfnissen zu adaptieren, so ist diese Formulierung insofern ungenau, als die Bewegungen der Arme, Füße und Hände als Resultat seines »Kopfes«, nämlich seiner Fähigkeit, zu denken, bezeichnet werden müssen. Die unmittelbare Ursache der Bewegung der Hände und Füße, d. h. der unmittelbare Impuls liegt im Kopf, im Denken, und der unmittelbare Impuls zum Denken ist nur auf einer bestimmten Entwicklungsstufe der Konflikt Mensch–Natur. So gesehen kann Marx' Definition der Arbeit als Inbegriff menschlicher, körperlicher und geistiger Fähigkeiten, die er in Bewegung setzt, wenn er Nutzgüter erzeugen will, irreführen.

Die Arbeit als Funktion der geistigen Fähigkeiten liegt darin, daß der Mensch Naturkräfte zu Nutzkräften umändert. Die in seiner Körperlichkeit liegenden Naturkräfte werden zu Nutzkräften nur Dank der Fähigkeit des Menschen, zu denken. Je stärker diese Fähigkeit entwickelt ist, desto mehr Kräfte außerhalb seiner Körperlichkeit kann er zu Nutzkräften transformieren. Wasserfälle, den Wind, Tiere, chemische und biochemische Kräfte werden in Nutzkräfte transformiert. Der Mensch kämpft gegen die Natur. Es gibt aber keine andere Kraft in diesem Kampf als die Naturkraft, und es geht eben darum, Naturkräfte in den Dienst des Kampfes gegen die Natur zu stellen.

Da die physischen Fähigkeiten des Menschen ihre natürlichen Grenzen haben, liegt die Entwicklung der Arbeit von der primitivsten Arbeit bis zur Automation in der Entwicklung der Denkfähigkeit begründet.

Es ist also nicht der Hunger, der die moderne Agrikultur geschaffen hat, es sind nicht Krankheiten, die die moderne Medizin entwickelt haben, es ist nicht die Gravitation, der wir die moderne Flugzeugtechnik verdanken, es sind nicht die Grenzen der organischen Fähigkeiten, zu hören und zu sehen, die uns das Radio und Fernsehen bescherten. Natürlich gab es Hunger und Krankheiten; sie sind ein notwendiger Impuls, aber all das ist auch allen anderen Lebewesen gemeinsam.

Das empirische Denken

Das spezifisch Menschliche liegt darin, daß diese Erscheinungen zur Entwicklung von Wissenschaften geführt haben, zur modernen Gesellschaft mit allen ihren Vorteilen und Gefahren. Die Abhängigkeit von der Natur stellt das konstante, die Fähigkeit, zu denken, variable Element dar.

Die Arbeit ist demnach die Transformierung von Naturkräften in Nutzkräfte und diese Transformierung ist eine Funktion des menschlichen Intellektes. In einer unentwickelten Wirtschaft gibt es unzählige Transformatoren, die selbständig und voneinander unabhängig sind. Die einzelnen Landwirte, Handwerker oder Arbeiter waren solche Transformatoren und die Schöpfer aller Werte. Marx hatte demnach vollkommen recht, wenn er in der manuellen Arbeit die Quelle des Reichtums sah. Allerdings nur in einer bestimmten Entwicklungsphase. Solange der Arbeitsprozeß auf den Erfahrungen ruhte, die aus dem Arbeitsprozeß selbst gewonnen wurden, solange das Niveau des Denkens also rein empirisch war, war die Naturkraft, die in der Körperlichkeit des Menschen liegt, die ausschlaggebende Produktionskraft. Eine ganze Epoche der Menschengeschichte zeichnet sich durch dieses intellektuelle Niveau aus. Die Dynamik des intellektuellen Niveaus hat sich noch nicht manifestiert. In dieser Entwicklungsphase, wo sowohl der physische als auch der geistige Faktor relativ stabil war, gab es nur eine Konzeption der gesellschaftlichen Revolution, nämlich die Revolution im Bereich des Eigentums.

Auch in dieser Hinsicht hat Marx recht, allerdings bezogen auf eine Wirtschaftsformation, für die das empirische Denken typisch war. In dieser Phase war das Eigentum sowohl das Resultat der Ausbeutung als auch ein Instrument der Ausbeutung. Es war gerecht, zu fordern, daß jeder soviel erhalte, wie er erzeugt hat.

Die allgemeine Integration

Es ist heute in einer modernen Wirtschaft nicht so klar, wer der Schöpfer der Werte ist. Kann man beispielsweise ein Auto als Produkt der manuell arbeitenden Arbeiter interpretieren? Sind Ingenieure nicht wichtiger, haben sie nicht einen noch größeren Anteil an den Wertschaffungen, und ist die Organisation einschließlich aller Formen der Evidenz und Administration, die die Produktion, die viele Tausende beschäftigt, erfordert, wegdenkbar? Aber alle diese geistigen Arbeiter müssen geschult sein. Die Schulen, die Forschungsinstitute sind daher ebenfalls ein integrierender Bestandteil einer modernen Produktion. Um Automobile zu erzeugen, muß man Eisen und Stahl erzeugen; Hochöfen und Walzwerke, Textilfabriken, elektrotechnische Anlagen, Glasproduktion usw. sind erforderlich. Alle Industriezweige, alle Berufsschichten sind Voraussetzung für die Produktion eines Kraftfahrzeuges. Der Anteil einzelner ist nicht feststellbar. Wir wissen daher nicht, ob der unqualifizierte oder der hochqualifizierte Arbeiter, der Beamte, der Konstrukteur oder der Professor höher oder niedriger entlohnt werden als es ihrem Anteil am Produkt entspricht. Wir wissen daher auch gar nicht, ob jemand überbezahlt oder »ausgebeutet« wird. Nur beim arbeitslosen Einkommen ist es klar, daß eine Entlohnung ohne Gegenleistung entstanden ist.

Wir wollen uns mit all diesen Fragen später befassen. Was allerdings an diesem Punkt unserer Erwägung zu betonen ist: die Ablehnung von Marx' Ausgangspunkt dem Metabolismus zwischen Mensch und Natur, (und die Annahme einer anderen Konzeption der Arbeit, nämlich des Konfliktes Mensch–Natur) und der Rolle der geistigen Fähigkeiten führt auch dazu, daß alle Konzeptionen, die Marx benützte, in Frage gestellt werden.

The proof of the pudding

Ich habe erklärt, daß ich die Marx'sche Fragestellung beziehungsweise seine Aufgabenstellung, die Welt zu ändern, vorbehaltlos akzeptiere. Deshalb will ich auch die Interpretation, die auf dem Konfliktprinzip beruht, nur unter dem Gesichtspunkt untersuchen, ob dieses Prinzip einerseits die heutige Problematik und andererseits auch jene, die Marx behandelt hat, richtig zu interpretieren vermag. Darüber hinaus müssen wir die Frage stellen, ob diese Konzeption, diese Interpretation, uns eine theoretische und praktische Handhabe bietet, die Welt zu ändern.

Es scheint mir deshalb auch richtig, nicht gegen Marx zu polemisieren oder ihn zu revidieren, zu reformieren, zu korrigieren oder zu klassifizieren.

Akzeptiert man einmal den Ausgangspunkt, daß die Welt geändert werden muß und daß wir uns nicht nur mit der Interpretation zufrieden geben können, dann gilt das Kriterium: »the proof of the pudding is the eating«.

Der Gesellschaftswissenschaftler sollte sich die Frage stellen, welche optimale Entwicklung zu erzielen ist, und untersuchen, wie sie zu erreichen ist. Um dies zu tun, muß er das, was er ändern will, genau kennen. Wollen wir daher eine Gesellschaftstheorie prüfen, so kann sie nur im Rahmen der Praxis geprüft werden.

Da wir ja nicht mit einer tabula rasa anfangen, sondern eine mit wissenschaftlichen Methoden erarbeitete Interpretation des gegebenen Zustandes haben, dürfen wir mit einiger Zuverlässigkeit abschätzen, ob eine bestimmte Zielsetzung optimal ist, ob sie überdies auch real ist.

Was »richtig« war, ist »unrichtig« geworden

Natürlich kann eine solche Zielsetzung nicht wertfrei sein, und wir müßten demnach auch unter dem Gesichtspunkt der Werte an dieses Optimum herantreten, bzw. erkennen, daß es mehrere Optima geben muß. Fehlt eine solche Zielsetzung, dann verliert auch die Interpretation ihren eigentlichen Sinn und wird immer mehr zum Selbstzweck. Es fehlt auch die Möglichkeit einer Verifizierung und demnach auch die Möglichkeit, aus Fehlern zu lernen und uns wenigstens asymptotisch dem Optimum oder irgendeinem der Optima zu nähern.

Da Marx unter dem Gesichtspunkt der Änderung seiner Welt an die Problematik der Gesellschaft herantritt, ist es notwendig, seine Interpretation nicht per se zu beurteilen, sondern uns zu fragen, ob sie dazu beigetragen hat, die Entwicklung vorwärts zu treiben. In dem Maße, in dem dies gelungen ist, war seine Interpretation richtig, auch wenn wir sie vom heutigen Standpunkt aus nicht akzeptieren können, zumal sich die Realität, die wir ändern wollen, grundsätzlich von der Marx'schen unterscheidet.

Die Gesellschaft als eine Funktion des Intellektes

Was Marx als einen Konflikt Mensch–Gesellschaft oder genauer der Klassen sah, ist eigentlich – nach meiner Auffassung – eine Übertragung des Konfliktes Mensch–Natur.
Dennoch scheint es richtig, wenn Marx den gesellschaftlichen Konflikt und nicht den Konflikt Mensch–Natur hervorhob, denn nur eine solche Formulierung schien fähig, die Menschen zum Handeln, zu einer Änderung der Welt zu bewegen. Genau das tat Marx.
Der Konflikt Mensch-Gesellschaft hat heute andere Dimensionen, der Klassenkonflikt tritt, wie wir noch sehen werden, immer mehr in den Hintergrund, die Menschheit steht vor anderen, ganz neuen Problemen. Allerdings – die Frage, die sich Marx gestellt hat, nämlich wie die Welt zu einer menschlichen umzugestalten ist, und wie dies nur mit Hilfe einer Wissenschaft erreicht werden kann, ist nach wie vor unbeantwortet.
Der grundlegende Unterschied zwischen der Konzeption des Metabolismus (Ausgangspunkt von Marx) und dem Konzept des Konfliktes manifestiert sich in der Einschätzung des Menschen als des Schöpfers der Geschichte. Marx' Schlußfolgerung, daß die Vorgeschichte der Menschheit mit der Enteignung der Produktionsmittel endet und daß durch die Enteignung eine klassenlose Gesellschaft entsteht, deren Resultat der totale Mensch sein wird, gibt dem

Menschen einen minimalen Spielraum. Aus der Konzeption des Konfliktes ergibt sich als Aufgabe des Menschen ein entscheidender geschichtsbildender Faktor und daraus folgt, daß die Geschichte der Menschheit eine Funktion der intellektuellen Fähigkeiten des Menschen ist.

Weiter folgt daraus, daß die Eigenschaften des Eigentums nicht durch dessen rechtliche Form sondern durch das intellektuelle Niveau, auf dem der Reproduktionsprozeß und die gesellschaftlichen Beziehungen aufgebaut sind, bestimmt werden. Demnach wird auch die klassenlose Gesellschaft nicht eine Funktion der Form des Eigentums, sondern eine Funktion des intellektuellen Niveaus sein.

Die Umwertung der Begriffe

Gab es eine Phase in der Geschichte der Menschheit, wo unmittelbare Abhängigkeit des Menschen von der Natur alle menschliche Tätigkeit beherrscht hat, so befinden wir uns heute in einem Entwicklungsstadium, in dem es (zumindest in der entwickelten Welt) typisch ist, daß ein sehr hohes Maß an Unabhängigkeit von der Natur als Folge einer neuen intellektuellen Ebene, einer applizierten Wissenschaft, erzielt wurde.

Wir stehen nun vor der Frage, ob jene Aufgabenstellung, die Marx formulierte und die auch der Ausgangspunkt dieser Erwägungen ist, unter dem Gesichtspunkt des Intellektes gelöst werden kann. Vorerst scheint es jedoch angezeigt, an einigen weiteren Grundbegriffen von Marx zu zeigen, wieweit diese heute überholt sind, und eine qualitativ neue Wertung zu verlangen.

Die Klasse

Die Geschichte der Menschheit
ist die Geschichte des Klassenkampfes

Welche Kräfte es ermöglichen werden, eine Revolution, einen Sturz der gegebenen Macht herbeizuführen, wird natürlich zum Kernproblem eines jeden revolutionären Denkers, und auch für Marx war diese Frage von prinzipieller Bedeutung.

Weder konnte er Hegels Ansicht akzeptieren, daß die Entwicklung der Menschheit die Entwicklung der absoluten Idee widerspiegelt, noch konnte er akzeptieren, daß es die großen historischen Persönlichkeiten sind, die die Entwicklung von einer Phase zur anderen bewerkstelligen.

Hegel hat er auf die »Füße« gestellt. Die Anerkennung großer Persönlichkeiten als Schöpfer der geschichtlichen Entwicklung ließ eine wissenschaftliche Erklärung der Gesellschaft nicht zu.

Marx faßte die Geschichte der Menschheit als die Geschichte des Kampfes der Unterdrückten gegen die Unterdrücker auf, als eine Geschichte des Kampfes der Klassen.

In der primitiven kommunistischen Gesellschaft gab es kein Eigentum und daher auch keine Zweiteilung der Gesellschaft in Reiche und Arme, in Mächtige und Entmachtete, in Ausbeuter und Ausgebeutete.

In der Antike gab es Sklaven und Sklavenhalter, den Sklaven gehörte nichts, selbst ihr Leben gehörte dem Sklavenhalter.

Im Feudalsystem gehörte dem Feudalherren das Land, also die entscheidenden Produktionsmittel, dem Meister gehörten die Produktionsmittel des Handwerkes. So gab es eine Klasse der Feudalherren und eine der Leibeigenen, eine der Meister und eine der Gesellen.

Für den Kapitalismus ist typisch, daß der Kapitalist bloß Eigentümer der Produktionsmittel ist. Der Arbeiter besitzt die Arbeitskraft. Da er aber sonst nichts besitzt, muß er die Arbeitskraft zu Markte tragen. In der Gesellschaft standen sich daher immer Klassen gegenüber, und der Mensch war Mitglied der einen oder anderen Klasse.

Die Zugehörigkeit zur Klasse bestimmt den Menschen

Die Klassen sind die eigentliche Umgebung, in die der Mensch geboren wird, und die Zugehörigkeit zur Klasse bestimmt sein Schicksal, seine Rolle, sein Benehmen.

In ihrem revolutionären Kampf sind es die Klassen, die die Gesellschaft zu ändern vermögen, und wenn der Klassenkampf die Vermögensverhältnisse ändert, neue Klassen schafft, neue Arbeitsteilungen hervorbringt, wird auch der Mensch selbst geändert. So folgert jedenfalls Marx.

Der Mensch wird daher in seiner Totalität bestimmt durch die Rolle, die er im Produktionsprozeß spielt, das heißt durch seine Zugehörigkeit zur Klasse. Das Wesen des Menschen ist deshalb nach Marx so zu verstehen: als Gesamtheit der gesellschaftlichen Beziehungen.

Allerdings – wie kommt es zum Klassenkampf, wie kommt es dazu, daß die Klassen einen gegebenen Zustand ändern können, wenn doch der Mensch das Produkt seiner Klasse ist?

Eine Idee wird zur politischen Kraft, wenn sie in den Köpfen der Menschen Fuß faßt, lehrte Marx. Die Klassen werden zur politischen Kraft durch das Klassenbewußtsein. In diesem engeren Sinne des Wortes wurde das Proletariat als sozialpolitische Kategorie zur Klasse, indem es klassenbewußt wurde. Um klassenbewußt zu werden, mußten einige Bedingungen erfüllt werden. Zunächst mußte es eine gesellschaftliche Schicht geben, die eine Art Schicksalsgemeinschaft war. Diese Voraussetzung war erfüllt. Es gab entrechtete Proletarier, die unter der Gegenwart litten und eine bessere Zukunft nicht nur erhofften, sondern in großer Verzweiflung ersehnten. Weiter war es notwendig, daß die Ursachen der Schicksalsgemeinschaft offen zutage traten. In den Fabriken haben Arbeiter in immer wachsender Agglomeration ihr Schicksal erlebt. In den Fabriken haben sie auch den gemeinsamen Gegner und in den Elendsvierteln und Zuchthäusern ein gemeinsames Schicksal gefunden.

Das Klassenbewußtsein

Um zu einer Klasse im Sinne einer gesellschaftspolitischen Kraft und Entität zu werden, war es notwendig, das Schicksal nicht als etwas Unabwendbares, als ein Naturgesetz, als eine Manifestation Gottes oder der Geschichte zu sehen, sondern als Menschenwerk.

Die Auffassung der Klassengesellschaft, wonach es eine Klasse der Ausbeuter und eine Klasse der Ausgebeuteten gibt, entfacht ein Klassenbewußtsein der Arbeiter. Sie werden sich dessen bewußt, daß sie nicht nur Schmiede, Schneider oder Tischler sind, sondern daß sie Mitglied einer Klasse sind, daß diese Klasse den Reichtum schafft, daß jedoch die Früchte ihrer Arbeit von einer anderen, feindlichen Klasse – der der Ausbeuter und Eigentümer der Produktionsmittel – genossen werden.

Es geht also darum, zu beweisen, daß ein gesellschaftlich-historischer Prozeß im Gange ist, in dem die Klasse des Proletariates die Klasse der Ausbeuter stürzen kann und wird.

Man muß beweisen, daß die Eigentümer das konservative, daß die Proletarier in ihrem Wesen das revolutionäre Element darstellen.

Wir können demnach von einer Klasse schlechthin sprechen und in ihr eine gesellschaftliche Schicht mit ganz spezifischen sozialen Merkmalen sehen: die Arbeiterklasse also als jene gesellschaftliche Schicht, die manuell arbeitet und ihre Arbeitskraft für Lohn den Eigentümern der Produktionsmittel verkauft. Aber zu einer Klasse im engeren Sinne des Wortes, als sozialpolitische Kategorie, wird diese Schicht erst durch eine Idee, die sie beherrscht.

Es ist auch bemerkenswert, daß diese Idee nicht aus der Arbeiterklasse, nicht aus ihrer Bewegung, nicht aus ihrer spontanen Antwort auf den Industrialisierungsprozeß entstand. Es war der Ludismus, der die spontane Antwort gab. Das Klassenbewußtsein entstand erst durch die Einwirkung der wissenschaftlichen Theorie von Marx. Die Ansicht, daß das gesellschaftliche Sein das Bewußtsein bestimmt, ist durch den Erfolg von Marx' Gedanken insofern widerlegt worden, als das gesellschaftliche Sein von einer Idee exogenen Ursprungs befruchtet werden mußte, um zu einem gesellschaftlichen Bewußtsein zu werden. Erst das gesellschaftliche Bewußtsein wurde zu einer geschichtsbildenden Kraft.

Eigentum macht Klassen

So gesehen, ist es das politische Klassenbewußtsein, das das Proletariat zur Klasse macht. Allerdings darf nicht übersehen werden, daß die Idee des Klassenkampfes ein theoretischer Ausdruck einer konkreten Wirklichkeit ist und daß sich die Idee der Klasse nur dann zu einer sozialpolitischen Kraft entfalten kann, wenn sie die Wirklichkeit widerspiegelt. Nur in diesem Sinne hat die Lehre von Marx bzw. seine Klassenkonzeption, das Proletariat zur Klasse gemacht. Haben sich jedoch einmal die gesellschaftlichen Verhältnisse geändert, so wird trotz der Tatsache, daß es manuell arbeitende Arbeiter gibt und trotz der Lehre von Marx keine Klasse im Sinne einer klassenbewußten Gesellschaftsschicht entstehen. Sogar das bestehende Klassenbewußtsein kann verschwinden und die Klasse aufhören, eine Klasse zu sein. Im entwickelten Westen Europas hat dieser Prozeß begonnen; von einer Arbeiterklasse im Marxschen Sinne kann man in den USA heute kaum mehr sprechen.

Sprechen wir von Klassen, müssen wir auch die Entstehung der Klassen begründen. Wo lag jene Kraft, die Menschen zu Klassen machte, die die Gesellschaft gespalten hat? Wenn eine klassenlose Gesellschaft, wie Marx meinte, mit naturhistorischer Bestimmtheit entstehen wird, so kann die Entstehung der Klassen auch nicht zufällig sein. Auch in der Vergangenheit müßten demnach Klassen mit naturwissenschaftlicher Zwangsläufigkeit entstanden sein.

Man findet im gesamten Gedankenbau von Marx keine andere Begründung für die Entstehung der Klassen als die Institution des Eigentums.

Die Entdeckung der gesellschaftlichen Schicht

In der Tat gab es zur Zeit der Sklavenwirtschaft und des Feudalismus, gar nicht zu sprechen vom Kapitalismus, den Marx untersuchte, Eigentum, eine Schicht der Unterdrükker und eine der Unterdrückten. Aber ist dieser zeitliche Zusammenhang auch ein ursächlicher Zusammenhang? Woher nimmt das Eigentum diese metaphysische Kraft, die Gesellschaft zu spalten, wieso soll durch eine andere Form des Eigentums eine andere Gesellschaftsform entstehen? Soll nach einer politischen Machtergreifung ein administrativer Akt vorgenommen werden und soll durch diesen, sofern er eine andere Form des Eigentums vorschreibt, eine höhere Entwicklungsform der Gesellschaft entstehen? Aber ist es wirklich möglich, daß die Entwicklung von einer Stufe zu einer anderen so einfach ist?
Bevor wir uns mit dieser Frage befassen, ist es wichtig, die Bedeutung der Klasse näher zu betrachten. Wie immer wir auch die Frage nach der Entstehung der Klassen und der Rolle des Eigentums beantworten, die Marxsche Klassenkonzeption scheint von ganz großer Bedeutung zu sein.
Marx sieht die Rolle einer gesellschaftlichen Schicht, und – konsequent zu Ende gedacht – bedeutet dies sowohl eine Ablehnung der These, wonach große Persönlichkeiten Geschichte machen, als auch der These, die Geschichte wäre ein naturhistorischer Prozeß oder zumindest als solcher voraussagbar.
Das Gesellschaftsgeschehen als einen Klassenkampf zu sehen, bedeutet, daß es einer Schicht der Gesellschaft darum geht, die bestehende Ordnung aufrechtzuerhalten, daß sie sich mit dieser Ordnung identifiziert, für sie einsteht,

sich für sie verantwortlich fühlt, sie verteidigt, die Ideologie dieser Ordnung formuliert und sie zu ihrer eigenen macht. Die andere Schicht, die unterdrückte Klasse, kämpft gegen die bestehende Ordnung, sieht ihre eigene Zukunft im Untergang der herrschenden Klasse, hat auch ihre Ideologie, lebt mit und in dieser Ideologie und identifiziert sich mit ihr.

Muß es zu einer Polarisierung kommen?

Diese Auffassung läßt die Möglichkeit offen, daß es innerhalb grundlegender gemeinsamer Interessen verschiedene Auffassungen darüber gibt, wo die Interessen einer Klasse liegen. Das hat zur Folge, daß die Klasse kein Monolith ist. Außerdem muß zugegeben werden, daß es mehrere Zwischenschichten oder Zwischenklassen geben kann, deren Interessen verschieden sein können.

Der Klassenkampf, so gesehen, schließt deshalb auch einen Konflikt innerhalb einer Klasse und innerhalb der übrigen Gesellschaftsschichten ein. Das Resultat ist dann niemals von vornherein gegeben. Es ist Spielraum für große Persönlichkeiten, die das Kräfteverhältnis verändern können. Aber da das Gesellschaftsgeschehen eine Bewegung großer Massen ist, kann nicht jede willkürliche Ideologie wirken, nicht ein beliebiger Akt Geschichte machen. Es gibt demnach viele Faktoren, die den Lauf der Entwicklung bestimmen, und die Resultante ist zwar nicht determiniert, aber auch nicht willkürlich.

Marx sieht allerdings eine absolute Polarisierung der Gesellschaft voraus. Die Zahl der Lohnarbeiter wird steigen, die der Arbeitgeber sinken. Allerdings – auch die Zwischenschichten werden proletarisiert, so daß die Gesellschaft nach Marx wirklich nur aus zwei gegensätzlichen Klassen bestehen wird, und diesem Gegensatz muß die Revolution entspringen. In diesem Falle kann der Klassenkonflikt tatsächlich die determinierende Kraft bei der Entwicklung bzw. bei der revolutionären Änderung sein.

Die Kernfrage ist demnach, ob wirklich die Entwicklung zu einer Polarisierung führen wird und wenn nicht, aus welchem Grunde. Was mir jedoch ganz besonders wichtig an der Klassentheorie scheint, ist die Rolle einer gesellschaftlichen Schicht. In jeder Gesellschaft, die halbwegs entwickelt war, war eine gesellschaftliche Schicht interessiert am gesellschaftlichen Sein bzw. an der gegebenen gesellschaftlichen Ordnung. Muß nun die gesellschaftliche Schicht die Rolle einer Klasse spielen? Muß es zu einer Polarisierung der Gesellschaft, zu Klassen, kommen?

Um diese Fragen beantworten zu können, müßten wir wissen, wie es zur Klassengesellschaft gekommen ist, damit wir einen Ausgangspunkt für die Beantwortung der Frage nach der Rolle sozialer Schichten und ganz besonders der Frage, welcher Weg zu einer klassenlosen Gesellschaft führt, haben.

Die Entstehung
und das Ende
der Klassen

Die Henne und das Ei

Ist das Eigentum die Folge der Klassengesellschaft, dann muß die Frage gestellt werden: wieso kam es zum Eigentum und wieso hat das Eigentum Klassen hervorgebracht? Gab es zuerst Klassen, so ergibt sich die Frage: wieso kam es zum Entstehen der Klassen und zum Entstehen des Eigentums? Wir geraten in einen Teufelskreis, der ganz und gar nicht sinnvoller ist als die Frage nach der Priorität von Henne und Ei.

Ausgehend von der Konzeption des Konfliktes zwischen Mensch und Natur und der aus diesem Konflikt abgeleiteten Auffassung der Arbeit, möchte ich versuchen, die Entstehung der Klassen, der Klassengesellschaft und der klassenlosen Gesellschaft abzuleiten.

Eine Spaltung der Gesellschaft, gleich auf welcher Stufe der Entwicklung, setzt voraus, daß die Produktivität der Arbeit so groß ist, daß der Mensch in der Lage ist, mehr zu produzieren als er zu seiner Existenz braucht. Solange der Mensch nur das erzeugt, was er zur Reproduktion seiner Kräfte braucht, kann er nicht ausgebeutet werden. Nur wenn er mehr erzeugt, wenn also ein Mehrprodukt entsteht, gibt es die Möglichkeit, ihn dieses Mehrprodukts zu berauben. Besteht nun einmal eine solche Möglichkeit, entsteht auch das Interesse, und es werden Mittel gesucht und gefunden, den Menschen auszubeuten.

Die Ausbeutung als Funktion
eines bestimmten intellektuellen Niveaus

Es gibt in der Geschichte eine sehr große Vielfalt dieser Formen des Zwanges. Wesentlich allerdings für alle ist, daß eine Schicht die Macht besitzt, eine andere auszubeuten.

Verwenden wir bei dieser Überlegung jene Ausdrücke, mit denen wir die Arbeit interpretiert haben, so können wir sagen: solange das Niveau des Denkens, auf dem die Transformation der Naturkräfte in Nutzkraft steht, niedrig ist, gibt es keine Voraussetzungen für eine Ausbeutung und eine Spaltung der Gesellschaft in Klassen. Erst wenn das Niveau des Denkens eine Stufe erreicht, auf der der Mensch außer der in seiner Körperlichkeit liegenden Naturkraft auch andere Naturkräfte zu transformieren versteht, erhöht sich die Produktivität, und der Mensch kann zum Objekt der Ausbeutung werden.

Die Erkenntnis dieser Möglichkeit sowie der Mittel, mit denen der Mensch oder eine Gruppe von Menschen gezwungen werden kann, für andere zu arbeiten, ist ebenfalls ein Ausdruck der Fähigkeit des Menschen, zu denken. Demnach ist die Ausbeutung des Menschen als Ausdruck eines bestimmten intellektuellen Niveaus anzusehen, auf dem sowohl der Produktionsprozeß als auch die gesellschaftlichen Beziehungen (gesellschaftlicher Unterbau und Überbau) beruhen.

Ist diese These richtig, so folgt daraus: der Mensch transformiert, sobald er ein hohes intellektuelles Niveau erreicht hat, entschieden mehr Naturkräfte, die außerhalb seiner Körperlichkeit liegen. Der Anteil der Naturkräfte seines

Logischer Kurzschluß

eigenen Körpers werden immer geringer. Deshalb kann der Mensch nicht mehr ausgebeutet werden, denn nicht er schafft die Güter, bewältigte Naturkräfte tun es.

Mit anderen Worten: wenn das Denken das Niveau der Wissenschaft erreicht, deren Applikation es ermöglicht, Naturkräfte in den Dienst der Produktion zu stellen, so wächst der Lebensstandard bei geringerem Anteil manueller Arbeit. Hinsichtlich des Verhältnisses Mensch–Natur zeigt sich, daß die Abhängigkeit des Menschen von der Natur geringer wird, die Lebenserwartung vergrößert sich, der Mensch überschreitet die Kapazität seiner Körperlichkeit, er bewegt sich mit der Kraft anderer Naturkräfte mit ungeahnter Geschwindigkeit, hört und sieht über Ozeane hinweg, dringt in den Mikrokosmos vor, ja verläßt sogar die Erde, um auf anderen Planeten zu landen.

Der Klassengegensatz im Sinne von Marx, bei dem die Ausbeuter den Ausgebeuteten gegenüberstehen, wo der Reichtum der einen durch das Elend der anderen erkauft oder, genauer gesagt, erzwungen wird, hört allmählich auf zu existieren. Es ist möglich geworden, daß der Reichtum aller wächst.

Das Herannahen der klassenlosen Gesellschaft

Die klassenlose Gesellschaft – rückt sie immer näher? Sowohl die Entstehung der Klasse als auch der Untergang des Klassensystems ist demnach eine Funktion des Intellektes. Erst auf einer bestimmten Stufe der intellektuellen Entwicklung können Ausbeutung und Klassengesellschaft entstehen. Sie werden auf einer höheren Stufe der Entwicklung zum Anachronismus. Der Unterschied zwischen einer auf Handwerk beruhenden Gesellschaft und einer Gesellschaft, für die bereits die Automation typisch ist, ist ein revolutionärer Unterschied und Ausdruck einer Revolution des Denkens. Die industrielle Revolution, deren Folgen Marx voraussah, war tatsächlich eine Revolution. Sie war ihrem Wesen nach eine Revolution des applizierten Denkens.

Bis zur industriellen Revolution beruht der Arbeitsprozeß – seinem Wesen nach – auf den Erfahrungen, die beim Arbeitsprozeß selbst gemacht wurden. Der Sohn lernte vom Vater, der Lehrling und Geselle vom Meister, die Erfahrungen wurden vermittelt und weiterentwickelt.

Markante Grenzlinie zwischen der vorindustriellen Zeit und der Zeit der Industrialisierung ist die Arbeitsteilung. Durch sie wurde die industrielle Revolution ausgelöst.

Das Wesen der Arbeitsteilung

Der gesamte Arbeits- und Wirtschaftsprozeß beruhte auf zwei grundlegenden Faktoren: der Arbeitspotenz des Menschen und seiner intellektuellen Potenz. Beide hatten ihre abgesteckten Grenzen. Nicht bloß die physische Kraft des Menschen, auch das empirische Denken hat eine unüberschreitbare Grenze. Eine weitere Entwicklung konnte dann erfolgen, wenn ein neues intellektuelles Niveau in den Wirtschaftsprozeß eingeführt wurde.

Die Arbeitsteilung, die darin besteht, daß man den Arbeitsprozeß in seine einfachsten Bestandteile zerlegt, um

ihn »manueller« zu machen, bedeutet nichts anderes, als
daß in den Arbeitsprozeß ein Organisator eingetreten ist
und durch seinen intellektuellen Beitrag das intellektuelle
Niveau, auf dem der Arbeitsprozeß beruht, erhöht. Das
gilt auch für den Erfinder.

Die nächste Revolution ist gekennzeichnet durch den Ein-
tritt der Wissenschaft in den Produktions- und Wirtschaftsprozeß. Eine grundsätzlich neue intellektuelle
Ebene, nämlich die der applizierten Wissenschaft, wurde
geschaffen und die wissenschaftlich-technische Revolution
kommt in ihr zum Ausdruck.

Marx hat die Arbeitsteilung und die Manufaktur mit dem
Kapitalismus identifiziert, scheinbar mit Recht, da diese
Phänomene erstens durch das System des Privateigentums
entstanden sind und zweitens, weil sie sich gleichzeitig mit
dem System entwickelten.

Verfolgt man jedoch die Industrialisierung in der Sowjetunion, so kann man ebenfalls einen Prozeß, in dem Ver-
elendung eine Begleiterscheinung der Industrialisierung
ist, verfolgen. Obwohl gewisse Unterschiede zwischen
Rußland zu Anfang des 20. Jahrhunderts und England zu
Beginn des 19. Jahrhunderts bestehen, lassen sich doch die
gleichen Grundtendenzen erkennen.

Höheres intellektuelles Niveau
erfordert erhöhte Akkumulation

Die Industrialisierung erfordert umfangreiche Akkumulation. Ohne Kapital ist selbst die einfachste Arbeitsteilung
kaum möglich. Ganz besonders aber erfordert die Einfüh-

rung von maschineller Arbeit große Investitionen. Obwohl die Produktivität im Vergleich zur vorherigen Entwicklungsetappe erhöht ist, ist sie noch sehr gering. Daher ist der Druck auf die Entlehnung außerordentlich stark. Ein weiteres Charakteristikum besteht darin, daß die Industrialisierung neue Arbeitsmöglichkeiten auch für Minderqualifizierte schuf und andererseits Handwerker, Landwirte oder beide zum Teil überflüssig wurden. Wir sehen also, daß sowohl die Industrialisierung in England als auch jene in Rußland mit ungeheurem Elend erkauft wurden.

Daher ist es nicht die Form des Eigentums, die die Begleiterscheinungen der industriellen Revolution hervorgerufen hat, sondern das intellektuelle Niveau, auf dem der Arbeitsprozeß stand. In dem Maße, in dem dieses intellektuelle Niveau anstieg, ist das Elend allmählich verschwunden, und die Akkumulation ist durch einen höheren Grad der Ausbeutung der Natur und nicht des Menschen gekennzeichnet. Wenn wir nun das Lebensniveau von Ländern mit verschiedenen Formen des Eigentums vergleichen, so können wir sehr leicht bestätigt finden, daß das geistige Niveau, auf dem Produktion und Wirtschaft (gleichgültig, ob in Mikro- oder Makrosphäre) stehen, der bestimmende Faktor ist. Eine Revolution dieses Ausmaßes kann sich natürlich nicht nur auf den Unterbau beschränken.

Die Integration der Wirtschaft

Die moderne Industrie ist ein Resultat der Applikation der sich entwickelnden Naturwissenschaft. Der grundlegende Faktor ist demnach die Fähigkeit der Wissenschaftler, die Wissenschaft zu entfalten. Der Beitrag des Proletariates lag darin, daß es die Tür für die Applizierung der Wissenschaft öffnete, daß es einen wirtschaftlichen und politischen Druck ausübte, damit Entwicklung und Anwendung der Wissenschaft angekurbelt wurden.

Es gab natürlich auch andere Kräfte, beispielsweise die der Konkurrenz. Allerdings ist der Anteil des Kampfes des Proletariates ohne Zweifel ein außerordentlich wichtiger Beitrag zur Entwicklung seit der zweiten Hälfte des vorigen Jahrhunderts. Damit dieser Druck entstehen und sich entfalten konnte, mußte es eine Lehre geben, die die Rolle des Proletariates so formulierte, wie es Marx tat.

Die These von Marx bezüglich der Arbeit und der Arbeiterschaft war überholt, als die Lehre von Marx zur politischen Kraft wurde und die Entwicklung beeinflußt hat, also eine eminent vorwärtstreibende Kraft wurde. Allerdings bringt die Anwendung der Wissenschaft nicht nur eine neue, hohe Produktivität hervor. Wir sehen eine ganze Reihe neuer Erscheinungen.

Erstens ist es die Integration der Wirtschaft. War zur Zeit des Handwerkes und am Anfang der industriellen Revolution jedes erzeugte Gut das Produkt einer genau bestimmten und bestimmbaren Anzahl von Arbeitenden, die miteinander kooperierten, so wird in einer auf angewandter Wissenschaft beruhenden Wirtschaft praktisch jedes Gut zum Produkt aller Arbeitsschichten und aller

Berufe. Wir sprachen schon darüber im Zusammenhang mit der Erzeugung des Kraftfahrzeuges. Nehmen wir ein noch viel einfacheres Beispiel, die Erzeugung von Brot.

Der Untergang des Proletariates – der Aufstieg der geistigen Arbeiter

An dieser Erzeugung hatten Bauer, Müller und Bäcker Anteil. Die Erzeuger der Produktionsmittel sowohl des Müllers als auch des Bäckers konnte ebenfalls ganz genau fixiert werden. Die Broterzeugung in einer modernen Wirtschaft sieht dagegen ganz anders aus. Der Bauer benützt Maschinen, Kunstdünger, Kraftwagen und andere Transportmittel, die Mühlen sind eigentlich Fabriken mit komplizierten Maschinen. Dasselbe gilt für eine moderne Bäckerei, die darüber hinaus auch ein System von Distributionsinstitutionen erfordert. Würden wir nun untersuchen, welche Industriezweige im Brot »enthalten« sind, so würden wir feststellen, daß kaum ein Produktionszweig ausgelassen werden kann. Wir würden die Administration, das Bankwesen oder das Transportwesen ebenfalls nicht ausschalten können, wir müßten den Anteil des Schulwesens berücksichtigen. So wird selbst ein Brot zu einer Art Nationalprodukt, da alle Berufsschichten der Nation an seiner Produktion Anteil haben. Man kann zwar feststellen, daß alle oder fast alle Berufszweige einen Anteil an der Erzeugung des Brotes haben, man kann jedoch nicht mehr feststellen, wie groß der Anteil der einzelnen Berufsgruppen ist. Der ganze Wirtschaftsprozeß ist integriert. Das bedeutet zugleich, daß Berufsgruppen, die früher außerhalb des Produktionsprozesses standen, nunmehr zu dessen integriertem Bestandteil geworden sind. So werden Lehrer, Professoren, Wissenschaftler, Angestellte zum integrierten Bestandteil des Arbeitsprozesses. Ja, wir haben gesehen, daß sie das intellektuelle Niveau, das Ausmaß des Reichtums bestimmen; die Höhe des gesamten Nationalproduktes hängt vom intellektuellen Niveau der geistigen Arbeiter ab.

Das bedeutet, daß die geistigen Arbeiter nicht mehr nur die Schöpfer des kulturellen Reichtums sind, sondern auch die maßgeblichen Schöpfer des materiellen Reichtums sind.

Materieller Wohlstand – verringerte Abhängigkeit von der Natur

Wie aus der Statistik hervorgeht, werden die geistigen Arbeiter allmählich zur Mehrheit.

Der Prozeß, der das den Reichtum schaffende Proletariat begleitete und die revolutionäre Mission der Arbeiterschaft einleitete, hat eine neue gesellschaftliche Schicht entstehen lassen, die nicht nur zum Schöpfer des Reichtums geworden ist, sondern auch aus der Mehrheit der Arbeitenden des Volkes besteht oder dabei ist, zu dieser Mehrheit zu werden.

Betrachten wir aber diesen Prozeß im Rahmen des Koordinatensystems Mensch–Natur, so können wir ihn so interpretieren, daß die Menschheit im ewigen Kampf des Menschen um einen höheren Grad seiner Unabhängigkeit durch Anwendung der Wissenschaft und somit ein revolutionär neues Verhältnis im Konflikt Mensch–Natur entstanden ist.

Die Ausbeutung des Menschen, die Diktatur der Klasse, ist die Ausdrucksform des Konfliktes Mensch–Natur auf einer bestimmten Entwicklungsstufe der Gesellschaft. Liegt es nicht nahe, daß somit auch jene objektiven Ursachen, die zum Klassenkonflikt geführt haben, langsam verschwinden, wenn die Abhängigkeit des Menschen von der Natur geringer wird? Der ökonomische Ausdruck der geringeren Abhängigkeit von der Natur ist materieller Wohlstand, und wenn man einen allgemein hohen Lebensstandard erreicht, so verliert das Klassenbewußtsein seine Basis. Diesen Prozeß können wir übrigens genau in allen Ländern verfolgen, in denen der allgemeine Lebensstandard gestiegen ist.

Betrachtet man Marx' Ausgangspunkt, nämlich die Welt zu ändern und dem Menschen ein höheres Maß an Freiheit zu gewähren, so zeigt sich, daß die politische Bewegung, die Marx auslöste, tatsächlich dazu beigetragen hat, daß ein höheres Maß an Freiheit erfolgte, allerdings auf einer anderen Ebene als auf der des Proletariats. Und sofern man nicht bereit oder fähig ist, zu erkennen, daß eben diese neue Ebene geschaffen wurde und letztlich nur ihre Interpretation übrigbleibt, hat man einen Irrweg eingeschlagen.

Der Sprung vom Revolutionären ins Kontrarevolutionäre

Die These, das Proletariat sei der entscheidende Schöpfer des Reichtums und eine immanent revolutionäre Gesellschaftsschicht, deren historische Mission es ist, die Menschheit zu befreien und auf eine höhere Entwicklungsstufe zu führen und eine klassenlose Gesellschaft zu schaffen, die einen neuen Menschen hervorbringt, hat sowohl eine progressive als auch eine regressive Rolle gespielt.

Wenn wir im weiteren Verlauf sehen werden, wie diese These die reaktionärsten Kräfte hervorgerufen hat, so soll damit demonstriert werden, daß es sich weder um eine Vulgarisierung noch um eine Deformierung von Marx' Ansichten handelt. Diese These wurde historisch überwunden, und auf ihr basierte der Sprung vom Progressiven ins Regressive, vom Revolutionärem ins Kontrarevolutionäre.

Zur führenden Rolle
des Proletariats

Der importierte Intellekt

Der erste erfolgreiche Versuch, Marx' Theorie von der historischen und führenden Rolle des Proletariats als jener Gesellschaftsschicht, die eine Gesellschaft höherer Ordnung schaffen kann, in die Praxis umzusetzen, erfolgte im Zusammenhang mit der Revolution in Rußland im Jahre 1917.

Die marxistische Bewegung im zaristischen Rußland orientierte sich am Proletariat und sah im entrechteten und armen Bauerntum ihren natürlichen Verbündeten. Die Bolschewiki gingen von der Annahme aus, daß das Proletariat die einzige gesellschaftliche Schicht ist, die die führende Rolle in der nachrevolutionären Epoche übernehmen kann.

Für die Periode des Bürgerkrieges und eine gewisse Zeitspanne nach dem Bürgerkrieg war das Proletariat tatsächlich die führende Schicht. Die Arbeiter und Bauernräte haben in der Tat das Land beherrscht und sich mit einer neuen Gesellschaftsordnung, die sowohl einen höheren Lebensstandard als auch eine echte menschliche Gesellschaft hervorbringen soll, identifiziert.

Der Prozeß der Industrialisierung begann hauptsächlich als Aktion der manuellen Arbeiter und Bauern, zumindest was den heimischen Anteil betrifft. Es gab ganz besonders auf dem Gebiet der Technik und Wirtschaft fast keine Intelligenz. Im zaristischen Rußland hatte der Prozeß der Industrialisierung kaum begonnen. Der überwältigende Großteil der Intellektuellen war dem alten Regime verbunden, emigrierte zum Teil, wurde im Bürgerkrieg getötet oder mit soviel Mißtrauen betrachtet, daß er zu keiner verantwortlicheren Arbeit zugelassen wurde. So beteiligte sich nur ein geringer Teil der ohnehin kleinen Schicht am Aufbau. Die neue Industrialisierung erfolgte nach dem Ende des Bürgerkrieges unter direkter oder indirekter Teilnahme westlicher Intelligenz. Es wurden Patente, Lizenzen, ja ganze Fabriken im Ausland gekauft, eine große Anzahl von Experten kam in die Sowjetunion. Das Eigenartige dieser Industrialisierung lag darin, daß die manuelle Arbeit von einheimischen Kräften geleistet wurde, die geistige dagegen von Ausländern aus dem Westen.

Die Entstehung der Elite-Konzeption

Die Geschichte der Industrialisierung ist eine Geschichte großer Begeisterung und Opferfähigkeit eines Großteils des russischen Proletariates. In dem Maße, in dem neue Fabriken und eine neue Technologie entstanden, und in dem Maße, in dem der Staat die Verantwortung für die Wirtschaft übernahm, zeigte sich, daß das Proletariat als Klasse keine führende Rolle spielen kann. Dazu war auch eine privilegierte Klasse nicht fähig, deren Angehörige bloß Vorteile genossen – sowohl was das Studium anbelangt als auch hinsichtlich der Zugehörigkeit zum Machtapparat. Staat und Wirtschaft, Schul-, Sozial- und Gesundheitswesen, Transport, Banken und Handel mußten von Fachleuten geführt werden.

Die Arbeiter als Klasse konnten diese Anforderungen natürlich nicht erfüllen. Wer sollte entscheiden, was gut und richtig war, wer sollte hinsichtlich der Staatsphilosophie Richtlinien formulieren, bezüglich Staatspolitik, Wirtschaftspolitik oder Kunst? Eine Elite, die an die Spitze der Gesellschaft gestellt werden sollte, war notwendig. Es war mehr als naheliegend, daß die Parteispitze und in weiterem Sinne ihr Apparat zu dieser Elite wurde. Die Partei war der Organisator der Revolution, der Machtergreifung und des Bürgerkrieges. Sie bildete eine ideologische Einheit und war gestählt durch schwere Kämpfe. Sie fühlte sich verantwortlich für den Aufbau des Sozialismus, für das Schicksal ihres Volkes.

Die Möglichkeit einer Demokratie gab es nicht, weil es keine demokratische Tradition gab, an die man anknüpfen könnte.

Allmacht der Parteispitze

Zunächst war das Proletariat eine Minderheit, die Mehrheit des Volkes bestand mehr oder weniger aus Analphabeten. Daher gab es nicht die geringste Möglichkeit, über politische Probleme rationell zu entscheiden. Die logische Folge war die Konzeption der »Diktatur des Proletariats«, die Lenin als die vollkommenste Demokratie angesehen hat. Allerdings, im Wesen einer jeden Diktatur liegt es begründet, daß sie nicht von einer Gesellschaftsschicht, sondern nur von einer Spitze beherrscht wird. Die

Revolution war ihrem Wesen nach eine proletarische Revolution, für eine demokratische Gesellschaft gab es keine Voraussetzungen. Aus der Konzeption der proletarischen Revolution folgte mit eiserner Logik die Konzeption der »Diktatur des Proletariats«. Die »Diktatur des Proletariats« mußte zur Diktatur der Partei und des Parteiapparates werden. Man sprach von der führenden Rolle des Proletariats, deren Avantgarde, die Partei, jedoch die führende Rolle ausüben sollte. Der Parteiapparat beziehungsweise seine Spitze bildete die allmächtige Exekutive.

Jede demokratische Entwicklung mußte bedeuten, daß die Macht der Partei und des Parteiapparates unterbunden wurde. Das gegebene »Establishment« kämpfte um seine Existenz und identifizierte sich mit dem Sozialismus. Die logische Folge war eine Tendenz, alle Macht in der Parteispitze zu konzentrieren. Alle Formen des Eigentums an den Produktionsmitteln sowie die gesamte Staatsmacht, das Schulwesen und die Massenkommunikationsmittel wurden in den Händen der Parteispitze konzentriert. Sozialismus wurde einfach als die Verstaatlichung der gesamten Wirtschaft und Bildung im weitesten Sinne angesehen. Man formulierte die Theorie vom staatlichen sozialistischen Eigentum, die besagt, daß die Verstaatlichung identisch mit Sozialismus ist. So kam es dazu, daß der Staat nicht mehr das Organ seiner Bürger war, sondern zum alleinigen Arbeitgeber aller Bürger wurde. Die Bürger standen daher machtlos einem allmächtigen Staat, der allerdings bloß ein Ausführungsorgan der Parteispitze war, gegenüber.

Die Glorifizierung des Proletariats und der Antiintellektualismus

Die Konzeption der führenden Rolle des Proletariats mußte aus der Diktatur eine ständige Institution machen. Gäbe es nicht diese theoretische Basis von Marx, wäre man zum Beispiel von der führenden Rolle der geistigen Arbeiter als gesellschaftliche Schicht ausgegangen, so hätte eine Diktatur des Proletariats durchaus als vorübergehende Maßnahme gelten können, die allmählich in dem Maße, in dem sich das intellektuelle Niveau hob, immer weitere demokratische Kreise hätte ziehen können. Anfangs schien es auch so. Auf dem Gebiet der Kunst bot sich ein außerordentlich reichhaltiges Bild: Film, Poesie, Kunsttheorie. Aber auch auf dem Gebiet humanistischer Disziplinen wurde in den ersten Jahren nach der Revolution Ungeheures geleistet, und die politische Ausstrahlung der jungen Sowjetrepublik war immens. Allerdings, anstelle der Erweiterung der Freiheit kam es zu einer Einengung und allmählich zu einer Persekution der Intelligenz.

Natürlich wäre es ganz und gar unrealistisch gewesen, von der führenden Rolle der geistigen Arbeiter zu sprechen. So eine Schicht gab es gar nicht, sie war erst im Entstehen begriffen. Es geht übrigens ganz und gar nicht darum, heute zu erraten, was nach dem Jahr 1917 hätte gemacht werden sollen, sondern darum, zu sehen, welche Rolle die Konzeption von der befreienden und führenden Rolle des Proletariats gespielt hat. Ganz besonders muß folgendes hervorgehoben werden: Die These von der führenden Rolle des Proletariats, die Glorifizierung der manuellen Arbeit also, führte zu einem militanten Antiintellektualismus, zu einer Unterschätzung der Bedingungen, unter denen sich Kunst und Wissenschaft entwickeln können, zu einer Negierung des spezifisch Menschlichen und daher zu einer entmenschlichten Gesellschaft.

Das Versagen des Proletariats

Auch die Entwicklung in Westeuropa zeigte, daß der Aktionsradius der Arbeiterbewegung im Begriff war, seine Grenzen zu erreichen. Der Kampf der Arbeiterklasse hatte zwar zu einer Demokratisierung der Gesellschaft geführt und ebenfalls zu einer auf applizierter Wissenschaft beruhenden Technologie. Als eine selbständige politische Kraft hatte sich das klassenbewußte Proletariat jedoch nicht etabliert.

Das erste Mal zeigte sich dies beim Ausbruch des Ersten Weltkrieges. Das Proletariat betrat nicht als selbständige Klasse die politische Szene. In allen kriegführenden Ländern waren die Arbeiter begeisterte Anhänger des Krieges und identifizierten sich mit der herrschenden Klasse. Selbst in Deutschland, wo die Arbeiterklasse ein ganz besonders hohes politisches Niveau und Klassenbewußtsein entwickelt hatte, war sie nicht weniger kriegsbegeistert als andere Gesellschaftsschichten. Sie stand unter dem Einfluß der deutschen Intelligenz, die wohl nicht als gesellschaftliche Schicht etabliert war, jedoch bereits das intellektuelle Klima zu bilden begann. Akzeptiert man die These von Marx, daß das Proletariat als eine klassenbewußte Gesellschaftsschicht die Revolution bewerkstelligen muß, so müßte man sich die Frage stellen, warum das Proletariat nicht jene Rolle spielt, die ihr Marx zuschrieb.

Es wäre demnach naheliegend gewesen, daß gerade Marx'
Anhänger in seiner Klassenkonzeption nicht starre, un-
veränderliche Kategorien gesehen hätten. Die Tatsache,
daß anstelle einer dialektischen Wertung die Marxsche
Lehre dogmatisiert wurde, hat in der Sowjetunion zur
Diktatur der Partei, also zum Stalinismus geführt. Im
Westen hat diese Dogmatisierung der Marxschen Lehre
eine ähnlich verheerende Entwicklung gefördert.

Als der Erste Weltkrieg alle bestehenden Werte zerstört
und ein allgemeines Mißtrauen gegenüber der bestehenden
Ordnung hervorgerufen hatte – auch unter dem ideologischen Einfluß der russischen Revolution – entstand die
Konzeption der Diktatur des Proletariats auf der politischen Szene Europas.

Die Diktatur des Proletariats
führt zur Diktatur schlechthin

Die revolutionäre Bewegung in Deutschland nach dem
Ersten Weltkrieg ist von der Kommunistischen Partei bzw.
unter dem Motto »Diktatur des Proletariats« geführt
worden. Auf dem linken Flügel der deutschen Gesellschaft
stand die Kommunistische Partei, auf dem rechten der
Rest des deutschen Kaisertums, mit seinem Offizierkorps
an der Spitze. Eine überwältigende Mehrheit der Bevölkerung Deutschlands orientierte sich nach einem demokratischen Regime, und tatsächlich war die Weimarer Demokratie eine sehr demokratische Gesellschaftsform. Ne-
ben den Mängeln, die eine aus vielen Parteien bestehende
Demokratie aufweist – unter anderem die mangelhafte

Operationsfähigkeit – sah sich die Weimarer Republik von zwei Seiten bedroht. Auf der einen Seite war es die sehr gut organisierte, kämpferische und zielbewußte Kommunistische Partei, die nur die These der »Diktatur des Proletariats« akzeptierte und jede andere Ansicht als faschistisch verwarf (so wurden selbst Sozialdemokraten, obwohl sie Arbeiter repräsentierten, nur als Sozialfaschisten bezeichnet), auf der anderen Seite war es die traditionelle deutsche Rechte.

Das Bündnis der Diktatur der Klasse und Rasse

Allerdings: die Präzisierung der Konzeption der »Diktatur des Proletariats« hat eine Vertiefung des Polarisationsprozesses in Deutschland herbeigeführt. Selbst die linksorientierte Intelligenz, die ursprünglich sehr eng mit der Kommunistischen Partei zusammengearbeitet hat, wurde von der Konzeption der Diktatur und ebenso von der These, daß das Proletariat als führende Gesellschaftsschicht diese Diktatur ausüben sollte, abgestoßen und hat sich von der Politik der Kommunistischen Partei distanziert. Immer breitere Schichten, besonders des Mittelstandes, konnten nicht verstehen, warum das Proletariat die führende Rolle spielen sollte, und fanden, daß ihr rein nationale Aspekte, die besonders von der Hitlerpartei forciert wurden, näher stünden. Ja sogar ein beträchtlicher Teil der Arbeiterschaft Deutschlands akzeptierte die ihm zugeschriebene Rolle nicht. So kam es, daß im Jahre 1933 die NSDAP mehr Stimmen an sich reißen konnte als die Sozialdemokratische und die Kommunistische Partei zusammen.

Im Jahre 1935 hat die Komintern die Konzeption der KPD kritisiert, einschließlich der Konzeption der »Diktatur des Proletariats«. Man proklamierte die Politik der Volksfront und der Arbeitereinheit und lehnte die Bezeichnung Sozialfaschismus ab; man sah auch in den demokratischen Bürgern nicht mehr ein Reservoir des Faschismus, sondern Kampfgenossen. In der Praxis hat sich diese Politik so ausgewirkt, daß man an die Spitze der Volksfrontbewegung hervorragende Intellektuelle gewählt und so eigentlich zugegeben hat, daß es nicht das Proletariat sein kann, das sein Volk einigt und führt.

Diese Volksfront gegen Faschismus und Krieg hat ihre Aufgabe nicht erfüllt, weniger weil diese Politik erst kam, nachdem die Konzeption der »Diktatur des Proletariats« die nationalsozialistische Machtergreifung ermöglicht hatte, sondern namentlich deshalb, weil diese Bewegung frühzeitig unterbunden wurde. Die Volksfront wurde durch die Stalin-Hitler-Front abgelöst.

Im Jahre 1939 kam es zum Bündnis zwischen der Diktatur der Klasse und derjenigen der Rasse, und obwohl der Unterschied zwischen Klassen- und Rassenkonzeption sehr groß war, hat die Konzeption der Diktatur eine genügend breite Plattform für ein Bündnis zur Neuaufteilung der Welt gefunden.

Dieses Bündnis war bekanntlich die Ouvertüre des Zweiten Weltkrieges, der zu einer Neuaufteilung der Welt zwischen Hitlers Deutschland und Stalins Rußland führen sollte. Die theoretischen Wurzeln dieses Paktes sind nicht in der Deformierung der Ansichten und Lehren von Marx zu sehen, sondern in deren folgerichtigen Anwendung. Die These von der führenden Rolle des Proletariats und der manuellen Arbeit als entscheidenden Schöpfern des Reichtums und die auf dieser Konzeption aufgebaute Theorie waren bereits historisch überholt. Die Erkenntnis, daß es die geistige Arbeit ist, die Reichtum und Macht schafft, hätte zur Aufgabe der klassischen Konzeption des Imperialismus und der Kolonialausbeutung führen müssen. Sowohl der Ideologie, auf der der Nationalsozialismus basierte, als auch der der Sowjetunion war eine solche Erkenntnis wesensfremd.

Das System

Das System und die Subsysteme

Ein grundsätzlicher Beitrag von Marx zur Entwicklung des gesellschaftswissenschaftlichen Denkens war sein Konzept des Systems. Dieses Konzept veranschaulichte die dialektische Einheit der ökonomischen Substruktur und der politischen Superstruktur, deren Verhältnis und gegenseitige Einwirkung und vor allem die Rolle der Klassen und die Klassengegensätze.

Das System im allgemeinen und die Zugehörigkeit des Menschen zu einer Klasse determinierten nach Marx sein Verhalten. Die Konsequenz dieser Erkenntnis war, daß man das System ändern muß, will man Schicksal und Verhalten der Menschen ändern. Nach Marx' Ansicht war entscheidend für das System die Eigentumsform; mit diesem Problem wollen wir uns im nächsten Kapitel befassen.

Marx sieht die Entwicklung des kapitalistischen Systems als ständiges Wachstum der Klasse der Arbeiter und dementsprechend auch als Wachstum ihres Elends. Auf der anderen Seite stehen die Konzentration des Kapitals und die Klasse der Kapitalisten. Das Wachstum der Produktionskräfte, die diesen Prozeß hervorrufen, gerät in Konflikt mit den Produktionsverhältnissen und bildet revolutionäre Kräfte, die das bestehende System zerstören.

In der Tat entwickelte sich das wirtschaftliche und gesellschaftliche System nicht mechanisch sondern ausgeprägt dialektisch.

Es entwickelten sich viele Subsysteme, die sowohl voneinander abhängen als auch zueinander in Widerspruch stehen. Es gibt nicht bloß eine Interaktion und Interpenetration zwischen diesen Subsystemen, sondern auch zwischen dem Makro-System und den Subsystemen. Es entsteht zugleich eine Integration.

Die Rationalität des Systems

Konkret bedeutet die Integration, daß es nicht mehr eine stomisierte Gesellschaft oder Wirtschaft gibt, in welcher einzelne Elemente nur kooperieren, sondern daß die Gesellschaft zu einem organischen Ganzen geworden ist. Die einzelnen Teile dieser Gesellschaft existieren nicht als solche und können auch nicht verstanden werden außerhalb dieses Organismus. Es gibt zum Beispiel keine Fabrik, die man losgelöst von dem Schulwesen, der Bildung, dem Finanz- und Transportwesen, also ohne die gesamte wirtschaftliche, gesellschaftliche und intellektuelle Infrastruktur sehen kann. Es gehören zur wirtschaftlichen Infrastruktur auch die zahlreichen Fabriken, deren Existenz Voraussetzung für die Ausstattung dieser Fabrik ist, oder der Handel, der die Voraussetzung für den Absatz der Produktion ist.

Wir müssen daher sehen, daß die Art des Funktionierens bzw. die Rationalität des Systems, sowohl des gesellschaftlichen als auch des wirtschaftlichen Systems, eine außerordentlich große Rolle spielt. Von der Rationalität des Systems hängt es ab, ob Krisen ungeheure Werte vernichten, ob Konjunktur mit Inflation und Inflation mit Arbeitslosigkeit bezahlt werden müssen. Dasselbe Niveau der Mikro-Sphäre hat einen ganz verschiedenen Effekt, wenn das System als solches gut oder schlecht funktioniert. Das System einer modernen Gesellschaft ist darüber hinaus ungeheuer kompliziert geworden.

Die Kompliziertheit des Systems ist unter anderem auch dadurch gegeben, daß es eine ungeheure Anzahl von Subsystemen gibt. Diese Subsysteme haben ihre eigene Funktionalität, beeinflussen sich gegeneinander, beeinflussen das System, sind zugleich Teile des Systems und von ihm beeinflußt. Das System bildet so eine Einheit dialektischer Widersprüche. Diese Konflikte widerspiegeln die Verschiedenheit der Rationalität des Systems und der Subsysteme.

Der Konflikt
verschiedener Ebenen der Rationalität

Ein jedes System entwickelt seine eigene Rationalität als die Summe der Bedingungen, die den rationellen Verlauf der Prozesse im System ermöglichen. So entstehen verschiedene Ebenen der Rationalität des Systems und der Subsysteme, der Makro- und Mikro-Sphäre und ein Konflikt der Rationalität dieser Systeme.

Solange es für eine Wirtschaft typisch war, daß sie auf dem Prinzip des Liberalismus aufgebaut war, solange also der Staat hauptsächlich als Fiskus den einzelnen Unternehmungen gegenüberstand, war der Konflikt zwischen der Makro- und Mikro-Sphäre als ein einfacher Interessengegensatz aufzufassen.

In dem Maße, in dem es zur Integrierung der Wirtschaft kommt und Bereiche, die vormals außerhalb der Wirtschaft lagen (wie Schulung, Gesundheitswesen oder Staatsadministrative) nun in den Reproduktionsprozeß integriert werden, wo ferner immer neuere Gebiete, die ohne Staatsintervention und staatliche Hilfe gar nicht entstehen könnten (Atomforschung, Raumfahrtforschung, Kriegsindustrie usw.) am Wirtschaftsprozeß teilhaben, ist das Verhältnis des Staates zur Wirtschaft nicht mehr durch fiskalische Interessen gegeben. Der Staatsbereich repräsentiert den Bereich der Makro-Sphäre und wird zu einem System mit einer eigenen Rationalität und mit sogar eigenen Begriffen. Geld, Lohn, Produktivität, Wachstum, Gleichgewicht bedeuten in der Makro-Sphäre etwas grundsätzlich anderes als in der Mikro-Sphäre.

Vom Gesichtspunkt der Rationalität der Makro-Sphäre zum Beispiel ist die Vollbeschäftigung ein wichtiges Postulat, die Rationalität der Unternehmung erfordert es jedoch, mit einer geringeren Anzahl von Angestellten auszukommen; aus der Rationalität der Makro-Sphäre folgt die Forderung nach einem Gleichgewicht der Nachfrage und des Angebotes, die Rationalität der Mikro-Sphäre verlangt höhere Nachfrage als Angebot. Der Lohn ist in der Makro-Sphäre ein Begriff, der ein Agglomerat ausdrückt und vom Gesichtspunkt des Gleichgewichts wichtig ist, für die Mikro-Sphäre stellt Lohn zum einen Kosten dar, zum anderen eine Form der Stimulierung. Das bedeutet, daß es vom Gesichtspunkt der Rationalität der Makro-Sphäre Vollbeschäftigung und ein Gleichgewicht zwischen Nachfrage und Angebot geben soll und daß sich der Lohnfonds entsprechend dem Wachstum der Produktion erhöht. Unter dem Gesichtspunkt der Rationalität der Unternehmungen ist im Rahmen des Unternehmens gerade das Gegenteil rationell. Diese Art Gegensätze ist immanent und Ausdruck der verschiedenen Rationalität der Systeme bzw. des Makrosystems und seiner Subsysteme.

Schlechthin spricht man vom Interessengegensatz zwischen Mikro- und Makro-Sphäre, ganz besonders in dem Zusammenhang, daß das Profitinteresse der Unternehmen vorherrscht und gegen das Gesellschaftsinteresse wirkt. Das mag wohl der Fall sein, aber es geht immer zunächst um einen Konflikt zwischen verschiedenen Ebenen der Rationalität, die in konkreten Fällen sich im Profitinteresse äußern können. Aber selbst wenn wir das Profitinteresse ausschalten würden, bestehen dieselben Konflikte zwischen Mikro- und Makro-Sphäre und innerhalb der Mikro-Sphäre.

Es existieren dieselben Probleme und Widersprüche im Sowjetmodell. Aus eigener Erfahrung möchte ich den Konflikt der Rationalität der Makro- und Mikro-Sphäre im Sowjetmodell sogar als viel intensiver bezeichnen, als in den Ländern mit Marktwirtschaft, weil in der geplanten Wirtschaft das Interesse der Makro-Sphäre viel eindeutiger, ausgeprägter und normativer ist.

Man könnte annehmen, daß sich solche Konflikte nicht entwickeln, zumal die einzelnen Unternehmen keine ökonomische Selbständigkeit haben und daher auch kein Eigeninteresse vorliegt. Dennoch gibt es Interessenkonflikte, die verheerende Folgen aufweisen. So hat zum Beispiel die Makro-Sphäre ein Interesse, den Unternehmen möglichst hohe Produktionsziffern zur Auflage zu machen. Die Unternehmen versuchen dagegen alles mögliche, die Produktionsziffern niedrig zu halten, damit der Plan leicht erfüllt wird und sie keinen Sanktionen ausgesetzt sind. Sie verheimlichen deshalb die Reserven ihrer Kapazität. Dasselbe gilt für das Sortiment. Im Rahmen der Produktionsziffern werden die Unternehmen bestrebt sein, bloß jene Güter innerhalb des geplanten Sortiments zu erzeugen, die für das Unternehmen vorteilhafter sind. Dann entstehen sogenannte »Disproportionen«, eine Überproduktion auf der einen und eine Unterproduktion auf der anderen Seite. Die Unternehmen haben weiter ein Interesse daran, daß die Kennziffern für die Anzahl der Arbeiter so hoch wie möglich sind, damit der Plan leicht erfüllt werden kann. Die Makro-Sphäre hat dagegen ein Interesse, eine solche unproduktive Überbeschäftigung auszuschalten. Der Interessengegensatz besteht also unter den verschiedenen Aspekten von Makro-Sphäre und Mikro-Sphäre, und dieser Gegensatz führt zu den bekannten Disproportionen, die zur Folge haben, daß der Plan wirtschaftlich niemals erfüllt wird, selbst wenn er global erfüllt ist.

Das Wesen der Interessenkonflikte

Deshalb scheint es wichtig, nicht nur die Interessenkonflikte zu sehen – deren Existenz gar nicht abzustreiten ist – sondern erstens, daß diese Gegensätze Ausdruck von Konflikten in der Sphäre der Rationalität der Mikro- und Makro-Sphäre sind und zweitens, daß die Interessenkonflikte wohl die auf der Oberfläche sichtbarsten Konflikte sind, jedoch bei weitem nicht die einzigen oder entscheidenden.

Um unter dem Gesichtspunkt der Wertung der Marxschen

Lehre Zutritt zu dem Problem der Systeme zu bekommen, scheint es notwendig, auf die Orientierung der Systeme und der Subsysteme hinzuweisen.

In einer primitiven Marktwirtschaft ist das Profitinteresse des Eigentümers des Unternehmens dominierend und bestimmt unmittelbar das Benehmen des Unternehmens. Im Interesse des Profits wird der Unternehmer sich den besonderen Bedürfnissen des Konsumenten anpassen, ihnen entgegenkommen, und wir können eine ganze Reihe von Erscheinungen beobachten, die bestätigen, daß die Erzeugung für den Konsumenten da ist, daß der Konsument am Markt in bedeutendem Maße sein Konsumentenrecht ausüben kann. Trotz des Profitinteresses ist diese Entwicklungsform der Wirtschaft in bestimmtem Ausmaß am Konsumenten orientiert.

In einer modernen Wirtschaft, für die Massenerzeugung und Massenkonsum typisch sind, in der es um große Unternehmungen geht, ist es nicht mehr möglich, sich einfach dem Konsumenten anzupassen. Bildlich gesprochen, wird auch der Konsument »produziert«. Das Unternehmen muß rationell geleitet werden, um Profit zu haben. Der Profit wird zum Erfolg der Rationalität. Obwohl das Profitmotiv natürlich weiter existiert, ist das Schwergewicht auf das Niveau der Leitung gelegt und der Profit wird als objektives Kriterium der Qualität des Managements betrachtet. Diese Unternehmen sind viel intensiver unternehmensorientiert als es die Vorgänger, nämlich die kleinen Unternehmen, waren, obwohl bei diesen das Profitinteresse ganz besonders betont war. Daher das Streben in modernen Unternehmungen nach einem Optimum des Profits (statt eines Maximums), wobei die Profithöhe ein Koeffizient der Rationalität des Unternehmens ist.

Die Form des Eigentums
determiniert nicht das System

Aber auch in Institutionen, die nicht auf Profit aufgebaut sind, müssen wir die Rolle der Rationalität sehen, die auf der Notwendigkeit eines reibungslosen Funktionierens beruht. So zum Beispiel öffentliche Verwaltung, Schulwesen, Forschungswesen usw.

Im Sowjetmodell ist die Rationalität der Subsysteme im Wesen gar nicht verschieden von jenen, die auf Privateigentum beruhen. Man kann sogar immer wieder Versuche feststellen, in das Sowjetmodell Profitmotive einzuführen, um einen Druck auf höhere Rationalität der Unternehmen auszuüben.

Ganz abgesehen von der Form des Eigentums, müssen wir in jeder entwickelten Wirtschaft damit rechnen, daß im wachsenden Maße Institutionen entwickelt werden, die ihre eigene Rationalität haben. Sofern es sich um Unternehmen in der Erzeugungssphäre handelt, ist die Rationalität immer Unternehmens- und nicht Konsumentenorientiert.

Was unter diesen Begriffen zu verstehen ist, sei an einem Beispiel demonstriert: In der Tschechoslowakei wurden unter anderem alle Schuhfabriken »vergesellschaftet«. Die einzelnen Schuhfabriken haben ursprünglich die verschiedensten Sortimente von Schuhen erzeugt und standen einander in Konkurrenz gegenüber. Nach der Verstaatlichung hat das Planungszentrum beschlossen, daß jede Fabrik eine andere Sorte von Schuhen erzeugt. Vom Standpunkt der Unternehmungen war es rationell, daß jedes Unternehmen sich spezialisiert, so viel Schuhe wie möglich von gleicher Art erzeugt und daß die Unternehmungen miteinander nicht konkurrieren. Da gab es ein gemeinsames Interesse zwischen Makro- und Mikro-Sphäre und alle Schuhe wurden buchstäblich über einen Leisten geschlagen.

Die Orientierung des Systems

Aber es gibt noch die Rationalität des Konsumenten. Seine Rationalität war verschieden von jener der Mikro- und Makro-Sphäre. Dem Konsumenten ging es nicht nur darum, den materiellen Nutzwert, den der Schuh bietet, zu genießen, er hat bestimmte ästhetische Ansprüche, die natürlich vom Standpunkt des Konsumenten rationell sind, jedoch vom Standpunkt des Erzeugers weniger rationell.

Im Wesen geht es also um die Orientierung des Systems. Im Konflikt zwischen Konsumenten und Unternehmen muß entschieden werden, wessen Interesse bzw. welche Rationalität obsiegt.

Das angeführte Beispiel zeigt klar, daß die Makro-Sphäre nicht Konsumenten- sondern Erzeugungsorientiert war. Es ist ganz und gar einerlei, welche Form des Eigentums existiert. Entscheidend wird, welche Orientierung das System hat. In der Tat handelte es sich bei diesem Modell um ein absolutes Monopol, das in so ausgeprägter Form in keinem Land, das auf Privateigentum beruht, in der Verbrauchsindustrie existiert.

Wenn in einer Marktwirtschaft, die auf Privateigentum beruht, der Markt aus welchem Grund auch immer aufhört, zu funktionieren, dann haben wir dieselben Erscheinungen der Ohnmacht des Konsumenten und die Ausschaltung bzw. Unterordnung seiner Rationalität wie in diesem Modell.

Wir sehen zwei Ebenen der Konflikte. Eine Ebene liegt in der Verschiedenheit der Rationalität der Makro- und Mikro-Sphäre und ist in verschiedener Intensität allen Wirtschaftssystemen eigen.

Die andere Ebene der Konflikte liegt im Unterschied zwischen der Rationalität des Konsumenten und des Erzeugers. Auch dieser Konflikt ist allen Systemen eigen. Jedoch stehen wir an diesem Punkt vor der Notwendigkeit einer Entscheidung. Wollen wir die Betonung auf das Interesse der Produktion oder der Konsumenten legen? Mit anderen Worten: Wollen wir ein unternehmensorientiertes oder ein konsumentenorientiertes Wirtschaftssystem einführen?

Das sowjetische System ist offensichtlich unternehmensorientiert. Im Sowjetmodell plant der Staat, der als Eigentümer oder Verwalter der Produktionsmittel auftritt. Das Motiv aller Wirtschaftsakteure ist die Erfüllung des Planes. Der Konsum ist ein Teil des Produktionsplanes und naturgemäß diesem untergeordnet. Jedoch auch die westlichen Wirtschaftsmodelle sind unternehmensorientiert. Das Motiv aller wirtschaftlicher Handlung ist das Unternehmerinteresse, und jenes der Konsumenten ist zweitrangig. Der Staat mag je nach Maßgabe der demokratischen Entwicklungsstufe in den Bereich der Unternehmen eingreifen, ändert jedoch nicht das Wesen der Orientierung der Wirtschaft.

Der Staat als Organ der Konsumenten

In der Tschechoslowakei entstand eine Reformbewegung, die eben dieses System ändern wollte und das Recht des Konsumenten zu restaurieren, verlangte die Aufhebung des Monopols. Die einzelnen Fabriken sollten wirtschaftlich unabhängig sein, miteinander konkurrieren, sie selbst sollten bestimmen, welches Sortiment sie erzeugen wollen, zu welchen Preisen sie verkaufen.

Es sollte die Aufgabe des Staates sein, zu garantieren, daß kein deformierter Markt entsteht, daß die Interessen der Konsumenten vom Staat direkt geschützt werden. Der Staat müßte – als Organ der Konsumenten – der gesamten Wirtschaft eine dementsprechende Orientierung aufzwingen. Mit anderen Worten: es ginge darum, die Unternehmungsorientierung durch eine Konsumentenorientierung zu ersetzen. Es hätte ganz und gar keine Änderung der Form des Eigentums stattgefunden und dennoch wäre eine echte wirtschaftliche Revolution erfolgt.

Bei jeder Form des Eigentums gibt es verschiedene Orientierungen des Systems. Folglich ist es nicht die Form des Eigentums, sondern das System, dem wir unser Hauptaugenmerk schenken müssen. Ob man mit Änderung des Systems auch die Form des Eigentums ändern soll, will oder muß, sei in einzelnen Fällen zu entscheiden oder auszukämpfen. Worum es hier geht, ist der Hinweis auf die Wichtigkeit des Systems, das geändert werden muß. Hier stehen wir ganz kraß im Gegensatz zur Ansicht von Marx, der annahm, daß die Änderung der Form des Eigentums die Eigenschaften des Systems ändert. Das mag in einer rückständigen Wirtschaft zutreffen, in der das System we-

nige Dimensionen hat, wo die Wechselwirkung zwischen
Unterbau und Überbau wenig differenziert ist, daher sowohl Unterbau als Überbau noch klare Grenzen aufweisen und die Zweiteilung der Gesellschaft in Klassen ebenfalls einer Polarisierung zustrebt.

Die konsumentenorientierte Wirtschaft = Sozialismus

In einer entwickelten Wirtschaft, wo sowohl Überbau als
auch Unterbau die Tendenz der Integrierung aufweisen,
wo die Klassengegensätze ihren ursprünglichen Charakter
verlieren, ist die Form des Eigentums eine von sehr vielen
Dimensionen und bei weitem nicht die Bestimmende. Zu-
sammenfassend kann gesagt werden, daß jedes Unternehmen seinem Wesen nach ein unternehmensorientiertes Sub-
system darstellt. Dabei ist ganz einerlei, ob es sich um
diese oder jene Form des Eigentums handelt, ob Profitmotive bestehen oder eliminiert sind.
Der Konsument wird immer manipuliert werden, sofern
diese Art Orientierung vorherrscht, und es wäre eine gefährliche Illusion anzunehmen, daß eine Änderung der
Form des Eigentums diese Orientierung und Manipulie-
rung ändert.
Wollen wir jedoch eine konsumentenorientierte Wirtschaft,
also eine Wirtschaft, die auf die Gesamtheit der Konsumenten abgestimmt ist, so müssen wir das System ändern.
Eine konsumentenorientierte Wirtschaft, also eine Wirtschaft, die das Interesse der Gesellschaft ausdrückt, ist dem
Wesen nach eine sozialistische Gesellschaft. Daraus folgt,

daß eine sozialistische Wirtschaft Ausdruck der Orientierung des Systems und nicht die Folge der Änderung der
Form des Eigentums ist. Zur Entscheidung, ob ein System
sozialistisch ist oder ob es sozialistische Elemente enthält,
reicht das Kriterium der Eigentumsform nicht mehr aus.
Die Frage, ob eine Wirtschaft auf die Interessen der Gesamtheit der Konsumenten ausgerichtet ist, ist meist
nicht so einfach zu entscheiden.

Die Orientierung ist eine Frage der Betonung

Die Problematik des Konsums bzw. der Konsumentenrechte und deren Interesse ist in ständiger Entwicklung
und mag für verschiedene Länder und verschiedene Ent-
wicklungsstufen verschieden sein. Je entwickelter eine
Wirtschaft ist, desto weiter ziehen sich die Grenzen der
Konsumentensphäre. In den entwickelten Ländern tritt
zum Beispiel die Freizeitgestaltung oder die Reinheit von
Luft und Wasser als eine Forderung der Konsumenten auf.
In einer unterentwickelten Wirtschaft wird natürlich auf
das quantitative Element das Hauptgewicht gelegt werden und die maximale Wachstumsrate dürfte zugleich die
optimale sein. In einer entwickelten Wirtschaft wird zwischen Maximum und Optimum ein erheblicher Unterschied
bestehen.
Im Prozeß der Entwicklung wird dies zu einer Frage der
Veränderung der Proportionen respektive des spezifischen
Gewichtes der Unternehmungs- und Konsumentenorientierung. So sehr eine Wirtschaft auch konsumentenorientiert sein wird, hat sie dennoch ihre Effektivität zur Vor-

aussetzung und kann nie die Rationalität der Unternehmenssphäre übergehen.

Wir sollten daher die Konsumentenorientierung nicht als einen mechanischen oder logischen Gegensatz zur Unternehmungsorientierung sehen, sondern als eine dialektische Einheit von Widersprüchen. Aufgabe ist es, einen Komplex von Maßnahmen auszuarbeiten, die eine effektive Betonung der Konsumentenrechte bedeuten. Wir müssen daher im sozialistischen System einen Prozeß sehen, nicht einen einmaligen Akt, wie er in der Praxis vollführt wurde, wo die Enteignung eines bestimmten Prozentsatzes der Produktionsmittelproduzenten mit dem Entstehen des sozialistischen Staates identifiziert wurde.

Diese Konzeption der Enteignung, die ohne Zweifel auf Marx' Interpretation der Rolle des Eigentums beruht, hat in jenen Staaten, die die Absicht hatten, eine sozialistische Gesellschaft aufzubauen, die Entwicklung zum Sozialismus unterbunden.

Wir sprachen bisher nur vom Konsumenten. Die Beziehungen des Menschen zum gesellschaftlichen System sind jedoch bedeutend vielseitiger. Wir können von einem sozialistischen System sprechen, sofern wir einen Akzent auf die entsprechende Orientierung der Gesellschaft legen. Allerdings sollten wir sehen, daß der Konflikt Mensch–Gesellschaft, Mensch–Institution ebenfalls immanent ist und den Unterschied zwischen der Rationalität eines Systems und des Individuums ausdrückt. Es ist, wie bereits angedeutet, der Konflikt des Teiles mit dem Ganzen.

Es gibt kein humanistisches System

Sollten wir die Ansicht von Marx akzeptieren, daß eine klassenlose Gesellschaft einen totalen Menschen auf die Bühne bringt, so müßten wir die Konzeption des immanenten Konfliktes zwischen Gesellschaft, also System, und Menschen aufgeben und annehmen, daß wir ein humanistisches System aufbauen können. Das würde bedeuten, daß der Konflikt zwischen dem spezifisch Individuellen und der Rationalität des Systems aufgehoben würde. Das ist jedoch nur möglich, wenn sich der Mensch dem System unterordnet, in ihm aufgeht und sein ICH aufgibt. Das ist genau das, was zum Beispiel das Sowjetmodell verlangt, aber auch das, was die ganz und gar antisowjetisch eingestellten Technokraten des Westens verlangen.

Die Entmenschlichung der Systeme, die auf der Marxschen Konzeption aufgebaut sind, und zwar trotz ihres humanistischen Ausgangspunktes und ihrer humanistischen Zielsetzung, ist in allererster Linie darauf zurückzuführen, daß Marx angenommen hat, das System bestimme den Menschen. (Im Kapitel IV haben wir uns mit diesem Problem befaßt.)

Ein sozialistisches System ist an und für sich nicht humanistisch. Die humanistische Dimension muß dem System aufgezwungen werden. Die Aufgabe, vor der wir stehen, liegt gar nicht darin, ein humanistisches Gesellschaftssystem aufzubauen, denn Humanismus und System stellen einen Widerspruch dar. Die Aufgabenstellung lautet vielmehr, wie soll ein System aufgebaut sein, in dem der Mensch in seinem Streben nach Selbstrealisierung den optimalen Spielraum und die besten Bedingungen findet. Es wird immer notwendig sein, daß der Mensch um den humanistischen Inhalt der Gesellschaft, in der er lebt, kämpft. Weder scheint es mir einen Sinn zu haben, wenn man annimmt, es genüge, den Menschen zu »erziehen« und wir würden eine Gesellschaft des Menschen haben, noch scheint es einen Sinn zu haben anzunehmen, man müsse nur ein entsprechendes System aufbauen und der Mensch würde als ein Produkt entstehen.

Die Anthropokratie

Die Annahme von der Allmacht des Systems oder der Wissenschaft hat sehr viel dazu beigetragen, daß die Menschen unserer Zeit das Verantwortungsgefühl für ihr Schicksal verloren haben, dies um so mehr, als diese Ansichten die Entstehung und Entwicklung von Systemen unterstützt haben, in denen die Persönlichkeit des Menschen absorbiert wird. Selbst das Prinzip der Demokratie, das wohl im Vergleich zur Diktatur humanistisch ist, entspricht nicht den Anforderungen einer humanistischen Gesellschaft, denn die Demokratie ist auf dem Prinzip der Mehrheit aufgebaut und die Mehrheit kann sehr undemokratisch sein. Die Entwicklung verschiedener Formen des Faschismus in Europa bietet sehr konkrete Beweise dafür. Vielmehr stehen wir vor der Aufgabe, eine anthropokratische Gesellschaft aufzubauen, eine Gesellschaft, deren System optimale Bedingungen für die Entfaltung der Persönlichkeit bietet.
Im Wesen geht es in der entwickelten Welt darum, die großen Möglichkeiten, die die Naturwissenschaft geschaffen

hat, in den Dienst des Menschen zu stellen und vor allem darum, zu sehen, daß die Menschheit das erste Mal in der Geschichte unter Bedingungen lebt, wo die Rolle der Unterdrückten die vom Intellekt beherrschten Naturkräfte übernehmen. Allerdings ist es möglich, daß diese »Unterdrückten«, diese »Energiesklaven«, den Menschen auch vernichten können, wenn unser gesellschaftliches Denken nicht auf einem Niveau mit dem naturwissenschaftlichen Denken ist, das uns diese »Energiesklaven« geschaffen haben.

Im Zusammenhang mit der Problematik des Systems versuchte ich darzulegen, daß die Form des Eigentums wenigstens in den entwickelten Ländern nicht die ausschlaggebende gesellschaftliche Dimension darstellt. Da jedoch die Rolle des Eigentums sowohl bei Marx als auch bei seinen Gegnern eine außerordentlich große Rolle spielt, ist es angezeigt, diese Frage näher zu behandeln.

Das Eigentum

Stalins Konzeption des Eigentums

Die großen wirtschaftlichen Mißerfolge der Sowjetunion haben die Frage aufgerollt, wo die Quelle dieser Mißerfolge liegt. Zu Stalins Zeiten wurden alle Mißerfolge den kontrarevolutionären Kräften oder der Unfähigkeit der Planungs- oder operativen Organe zugeschoben. Wenige Jahre nach Stalins Tod wurde in Stalin selbst die Ursache der Mißerfolge gesehen. Da Stalin nicht nur für die Praxis, sondern auch für die Theorie und natürlich auch für die Wirtschaftstheorie verantwortlich war, wurden Stalins ökonomisch-theoretische Ansichten einer scharfen Kritik unterzogen.

Interessanterweise blieb es bei der Kritik an Stalin. Marx und auch Lenin wurden nicht kritisiert. Man versuchte nachzuweisen, daß Stalin Marx »deformiert« habe, und bemühte sich daher, Stalin durch Marx zu schlagen. Es ist bemerkenswert, daß die überwiegende Mehrheit der führenden progressiven Wirtschaftstheoretiker in der Tschechoslowakei – und das bezieht sich auch auf die übrigen Länder des Sowjetblocks – niemals so weit ging, Marx' grundlegende Thesen einer Kritik zu unterziehen, sondern sich nur darauf beschränkte, mit Marx Stalin zu widerlegen. Es ist daher kein Wunder, daß der Reformbewegung theoretische Diskussionen vorangingen, in denen oft haarspalterisch bewiesen wurde, daß bestimmte Ansichten von

Marx durch Stalin falsch interpretiert waren und daß dies
und nichts anderes die wirtschaftliche und politische Krise
hervorgerufen habe.

Es gab Diskussionen, die Jahre gedauert haben, zum Beispiel, ob es im Sozialismus »Waren« im Sinne von Marx
gibt, oder ob man von »Geld-Waren-Beziehung« sprechen
kann, ohne gegen Marx zu verstoßen. Von all diesen Diskussionen möchte ich die Diskussion über das Eigentum
herausgreifen, zumal die Klärung der Rolle des Eigentums für unsere Erwägungen von Bedeutung ist.

Stalins Tautologie

Stalin hat die These vertreten, daß die Grundlage der
Produktionsverhältnisse im Kapitalismus das kapitalistische Eigentum an den Produktionsmitteln ist, wogegen
Grundlage des Sozialismus das gesellschaftliche Eigentum
an den Produktionsmitteln ist.

Nach Stalin ist der Ausgangspunkt die Eigentumsform
der Produktionsmittel, aus diesen folgt die Stellung einzelner Gruppen bei der Erzeugung und ihre gegenseitige
Beziehung und schließlich auch die Formen der Distribu-
tion der Produkte.

Die Reformer bringen dagegen vor, es sei unmarxistisch,
daß die Eigentumsform sowohl die Produktionsbeziehun-
gen als auch die Verteilung des Nationalproduktes bestimmt. Nach Marx, so sagten Stalins Kritiker, geht es
ganz und gar nicht darum, daß die Eigentumsform an sich
die wirtschaftlichen Beziehungen und die Verteilung bestimmt. Nach diesen Kritikern geht es eben nicht um die

Form des Eigentums, sondern um den Prozeß der Aneignung. Die Summe der gesellschaftlichen und wirtschaftlichen Beziehungen bestimmt den Inhalt des Begriffes
Eigentum. Man könne das Eigentumsverhältnis weder als
Basis noch isoliert betrachten, man könne demnach auch
nicht behaupten, das gesellschaftliche oder private Eigentum bestimme die wirtschaftlichen Beziehungen und die
Aufteilung. Man sollte deshalb davon ausgehen, daß die
Form der Aneignung der Produktionsmittel die Formen
der Erzeugung, Verteilung und den Austausch der Ver-
brauchsgüter bestimmt. Obwohl diese Diskussion sehr
stark an scholastische Diskussionen erinnert, geht es doch
um etwas mehr.

Nach Stalin war gesellschaftliches Eigentum mit staatli-
chem sozialistischem Eigentum identisch. Danach sollte der
Staat Eigentümer aller Produktionsmittel sein. Indem der
Staat der Alleininhaber aller Produktionsmittel wird,
wird er eo ipso sozialistisch sein, und da der Staat sozialistisch ist, ist das staatliche Eigentum ein sozialistisches
Eigentum.

Soweit Stalins Tautologie. In der Tat besitzt einmal der
Staat sämtliche Produktionsmittel oder deren überwiegende Zahl; so ändert sich die Funktion des Staates und
demzufolge auch die Gesellschaftlichkeit des Staatseigentums. Ist nämlich der Staat Eigentümer der Produktionsmittel, hört er tatsächlich auf, ein Staat im Sinne eines
Organes der Bürger zu sein, wird deren Arbeitgeber und
vereinigt so alle wirtschaftliche und politische Macht. Der
Bürger hat dann weder wirtschaftliche Rechte – nicht einmal die des Konsumenten, denn er muß konsumieren, was
nach dem Staatsplan erzeugt wurde – noch irgendwelche
politischen Rechte.

Die Allmacht der Partei

Da die Konzeption der führenden Rolle des Proletariats, die der Diktatur des Proletariats, Staatsphilosophie ist, und die Partei die Avantgarde des Proletariats darstellt und daher alle Macht konzentriert, wird die Partei, vor allem die Parteispitze, mit allen Attributen des Eigentümers der Produktionsmittel ausgestattet und konzentriert auch alle politische Macht. Der Staat wird zum operativen Organ der Parteispitze, nicht mehr der Bürger.

Die Ansicht Stalins, wonach aus der Tatsache des sozialistischen Eigentums alle Beziehungen folgen, ist bloß eine theoretisch formulierte Begründung der Allmacht der Parteispitze, die de facto dieser Begründung vorausging.

Die Reformbewegung ging davon aus, daß zwar die Enteignung der Produktionsmittel eine Grundvoraussetzung des sozialistischen Eigentums ist, aber damit nicht identifiziert werden kann. Man müsse zunächst eine sozialistische Arbeit einführen, das heißt gelenkt und kontrolliert durch Organe der Arbeitenden, zweitens eine sozialistische Verteilung, also Entlohnung einführen und so eine sozialistische Art der Aneignung erreichen.

Die Konsequenz, die aus dieser Reformkonzeption folgt, würde zu einer Liquidierung der bestehenden Rolle der Partei führen. Hat bisher ausschließlich die Partei über das gesamte ökonomische Geschehen einschließlich der Personalpolitik, der Entlohnung, der Preise der Produktionsstruktur entschieden, würden nun Organe der Arbeitenden ökonomische Entscheidungen treffen. Sie sollten auch offensichtlich bei den Entlohnungen zumindest mitbestimmen. Dieser theoretische Kampf, mag er noch so sehr abstrakt und wirklichkeitsfremd erscheinen, war insofern von Bedeutung, als die bestehende Rolle und Macht der kommunistischen Parteien die entscheidende Barrikade einer sozialistischen Entwicklung ist. Das absolute Monopol aller Produktionsmittel stellt einen Grad der Konzentration der wirtschaftlichen Macht dar, ergänzt durch politische Macht, die bei Privateigentum nie erzielt werden kann, nicht einmal unter einer absoluten Diktatur, wie sie Hitler-Deutschland repräsentiert hat.

Die Marxsche Auffassung, wonach erst die Abschaffung des Privateigentums und die Errichtung des gesellschaftlichen Eigentums einen totalen Menschen produzieren, also die Auffassung von der nahezu mystischen Kraft des Eigentums, wird allerdings auch von den Reformbewegungen akzeptiert, es besteht bloß ein Unterschied in der Interpretation des Eigentums.

Welche Interpretation des sozialistischen Eigentums auch akzeptiert wird, sowohl für die Stalinisten als auch für die Reformer ist die Rolle des Eigentums ein unbewiesener Grundsatz. Desgleichen blieb ein Axiom, daß die Form des Eigentums das entscheidende Kriterium für die Beurteilung eines wirtschaftlichen Systems ist, wenn es auch hinsichtlich dessen, was unter der sozialistischen Form des Eigentums zu verstehen ist, verschiedene Ansichten gab.

Das mystische Eigentum

Und darum geht es eigentlich. Wieso kann die Form des Eigentums eine so große Rolle spielen, wieso wird sie zur Scheidungslinie? Marx ging davon aus, daß auf einer bestimmten Entwicklungsstufe die Produktionskräfte in Gegensatz zu den Produktionsverhältnissen geraten, und dieser Gegensatz eröffnet die Periode gesellschaftlicher Revolutionen. Allerdings identifiziert er den Begriff Produktionsverhältnisse mit Vermögensverhältnissen. Die klassenlose Gesellschaft wird sich nicht mehr durch gegensätzliche gesellschaftliche Beziehungen auszeichnen, lehrt Marx, und ein System wie der Kapitalismus, das auf Privateigentum basiert, wird demnach die letzte auf Widerstreit basierende Gesellschaft sein. Diese grundlegende Rolle des Eigentums wird auch von den Reformisten nicht berührt.

Die Reformbewegung, die wohl noch eine ganz bedeutende Rolle spielen dürfte, bemühte sich im Wesen darum, daß die Wirtschaft von wirtschaftlichen und nicht von politischen Aspekten bestimmt wird, daß demzufolge der Markt und nicht das Politbüro auf sie Einfluß ausübt. Aus dieser Konzeption folgt die Selbständigkeit der Unternehmen. All das ist ein Beginn einer echten revolutionären Änderung. Es kommt der Expropriation der Expropriateure, nämlich der Parteispitze, gleich.

Allerdings – das Grundproblem bleibt: Was ist gesellschaftliches Eigentum? Wir wissen genau, was Privateigentum ist, wir sahen, daß es eine Enteignung des Privateigentums gibt. In manchen Ländern kam es bloß zur Verstaatlichung einiger Unternehmungen oder Unternehmungszweige, und die gesamte Wirtschaft beruhte weiter auf Privateigentum, während Länder des Sowjetmodells die Institution des Privateigentums ganz aufgaben.

Was ist sozialistisches Eigentum?

Aber was ist sozialistisches Eigentum? Stalins Konzeption des staatlichen sozialistischen Eigentums ist eine Fiktion. Die Gesellschaft hat kein einziges Tribut des Eigentümers der Produktionsmittel. Die antistalinistische Konzeption, die ebenfalls auf Marx zurückgeht, sieht das sozialistische Element darin, daß die Unternehmen von Organen der Arbeitenden geleitet und kontrolliert werden, und daß sozialistische Entlohnung erfolgt. Die sozialistische Entlohnung bedeutet: jedem nach seinem Verdienst.

In einer auf hauptsächlich manueller Arbeit beruhenden Wirtschaft kann man wenigstens ungefähr feststellen, welchen Anteil der Arbeiter an der Entstehung des Produktes hat und ihn dementsprechend entlohnen. Ich wies bereits darauf hin, daß in einer modernen Wirtschaft, wo praktisch alle Arten von Arbeiten in jedem Produkt integriert sind, sich der Anteil der einzelnen Gruppen ganz und gar nicht feststellen läßt. Es gibt überhaupt kein objektives Merkmal für eine Entlohnung, daher ist die Forderung nach Entlohnung entsprechend dem Verdienst bzw. dem Anteil an der Wertschaffung illusorisch.

In der Tat wird die Entlohnung entsprechend dem Plan vorgenommen. Wird im Plan eine bestimmte Industrie in den Vordergrund gestellt, wird der Lohn in dieser Industrie erhöht. Das geht sogar so weit, daß zum Beispiel ein Buchhalter, je nachdem, ob er ein und dieselbe Arbeit im Walzwerk oder im Handelsunternehmen verrichtet, verschieden entlohnt wird. Braucht man Arbeiter in einem entlegenen Gebiet, wird ebenfalls ein Lohnunterschied gemacht. Die Entlohnung der geistigen Arbeiter ist auf das

Niveau der manuellen Arbeiter, in vielen Fällen sogar unter dieses Niveau abgesunken. Das war »sozialistisch«, weil die führende Rolle der Arbeiterschaft in der Entlohnung ihren Ausdruck gefunden hat. Als diese Lohnnivellierung vollkommen versagt hatte, ging man dazu über, die geistigen Arbeiter höher zu entlohnen, was natürlich ebenfalls »sozialistisch« war.

Das einzige objektive Kriterium war, kein arbeitsloses Einkommen zu gestatten. Selbst dieses Prinzip wurde durchbrochen. Es gibt Zinsen für Spareinlagen, es gibt staatliche Wettbüros, die einen ungeheuren Anklang finden, man erbt – natürlich nur persönliches Eigentum, die Regierung erleichtert Geldgeschenke aus dem Ausland, die sogar prämiert werden. Abgesehen davon muß gesagt werden, daß Profite für private Eigentümer nicht existieren. Aber auch die Frage der Leitung und Kontrolle der Unternehmungen ist in der Praxis viel komplizierter. Sofern es um Kleinbetriebe geht, ist es ohne weiteres möglich, daß ein Rat der Arbeiter und Angestellten die Leitung des Betriebes in die Hände nimmt. Aber bei Großbetrieben – und das ist oder wird typisch für jede Wirtschaft – muß die Leitung des Unternehmens fachgemäß erfolgen. Die Leitung eines Unternehmens ist in allererster Linie für den Erfolg des Unternehmens verantwortlich. Man kann Entscheidungen nicht auf Grund von Mehrheitsbeschlüssen der Belegschaft vornehmen. Die zu treffenden Entscheidungen müssen auf außerordentlich hohem geistigen Niveau getroffen werden. Entweder hat der Leiter des Unternehmens volles Recht, zu entscheiden und dann auch die volle Verantwortung. Oder die Belegschaft hat das Recht der Mitentscheidung, dann wird die Frage der Verantwortung mit entsprechenden Folgen für die Effektivität verwischt.

Außerdem ist sehr schwer zu verstehen, warum Arbeiter und Angestellte über das Unternehmen entscheiden sollten, wenn sie keine Attribute des Eigentümers haben. Sie können jederzeit das Unternehmen verlassen, sie haben daher kein langfristiges Interesse am Unternehmen, haben kein Interesse an Akkumulation und würden eher für eine Aufteilung des Gewinnes stimmen als für Investitionen. Außerdem muß damit gerechnet werden, daß große Unternehmungen, zumal es sich um eine große Anzahl von Angestellten handelt, großes politisches Gewicht haben und demzufolge auch eine Vorrechtstellung, die auf außerökonomischen Faktoren beruht. All diese immanenten Nachteile können zum Teil eliminiert werden, wenn politischer Einfluß überwiegt, wenn diese Konzeption größeres politisches Interesse am Schicksal des Unternehmens hervorruft, wenn die Beziehungen zum Unternehmen weniger entfremdend sein werden. Übrigens ist die Frage der Mitbestimmung der Arbeiter im Westen Europas eine bedeutende politische Forderung geworden und daher kein rein sozialistisches Phänomen.

Die Fiktion des gesellschaftlichen Eigentums

In Jugoslawien wird die Konzeption vertreten, die Arbeiter seien Miteigentümer. Wirtschaftlich gesehen ist sie eine Fiktion, politisch mag sie sich positiv auswirken, aber es ist nicht anzunehmen, daß der Faktor der Begeisterung dauerhaft sein wird. In der Tat gibt es sowohl positive als auch negative Erfolge in Jugoslawien, aber das ist natürlich eine rein pragmatische Frage. Die Frage des gesellschaftlichen Eigentums ist damit ganz und gar nicht gelöst. Selbst wenn die Arbeiter Eigentümer oder Aktionäre des Unternehmens sind, wird es sich um Gruppeneigentum handeln und um kein gesellschaftliches Eigentum. Überdies würden unlösbare Probleme entstehen. Ist der Arbeiter, der soeben die Arbeit aufgenommen hat, in gleichem Maße Eigentümer wie jener, der schon viele Jahre gearbeitet hat? Verläßt er das Unternehmen, hat er weiter einen Anteil? Warum soll der Arbeiter, der dieselbe Arbeit leistet, in einem gewinnbringenden Unternehmen besser entlohnt werden? Soll jeder Arbeiter oder Angestellte einen Anteil pro Kopf oder je nach Lohn enthalten? Was geschieht mit den Banken, Versicherungsanstalten, Forschungsinstituten, Spitälern oder Schulen, wo allmählich eine ganz bedeutende Proportion der Berufstätigen arbeitet? Sind sie auch Eigentümer?

Das alles sind keine aus der Luft gegriffenen Fragen. Diese Fragen spielen überall dort, wo man sich mit dem Problem des gesellschaftlichen Eigentums konkret befaßt, eine sehr große Rolle. Tatsächlich gibt es nicht einmal eine Vorstellung darüber, was gesellschaftliches Eigentum ist. Alles, was bisher unternommen wurde, sowohl in der Praxis als auch in der Theorie, läßt die Möglichkeit eines gesellschaftlichen Eigentums ganz offen.

Verstaatlichung kontra Demokratie

Meiner Ansicht nach beruht der bloße Begriff gesellschaftliches Eigentum auf einem inneren Widerspruch. Eigentümer kann entweder eine physische oder eine juridische Person sein, nie aber eine Gesellschaft. Der Staat könnte als Repräsentant der Gesellschaft akzeptiert werden und als Eigentümer auftreten. Dann haben wir allerdings den Stalinismus, der eigentlich die logischste Antwort auf die Konzeption des gesellschaftlichen Eigentums gab.

Man könnte allerdings annehmen, daß dann das Staatseigentum doch als gesellschaftliches Eigentum betrachtet werden kann, sobald ein Staat wirklich demokratisch ist, mehrere politische Parteien zuläßt, die bürgerlichen Rechte wahrt, denn der Staat wäre ja zumindest ein Organ der Mehrheit der Bürger.

Bekanntlich setzt sich in den westlichen Demokratien die Tendenz eines Zwei-Parteiensystems durch. Die siegreiche Partei würde dann über alle Produktionsmittel verfügen, würde der Arbeitgeber aller Bürger sein und so starke wirtschaftliche Mittel zur Verfügung haben, die eine ständige Mehrheit garantieren würden. Das gesamte politische Leben würde sich von Grund auf verändern, denn die Zugehörigkeit zur Partei, die über die Wirtschaft des ganzen Landes entscheidet, würde einer Machtposition gleichkommen. Ist die Demokratie des Westens einer sehr scharfen Kritik selbst von den Anhängern der dort bestehenden Ordnung unterworfen, weil Parteien und Staat ohnedies zu sehr miteinander verknüpft sind und auf Grund ihrer Macht die demokratischen Kräfte des Landes unterbinden, so kann man voraussehen, daß durch Einführung des gesellschaftlichen Eigentums in der Form des Staatseigentums auch die Demokratie zu irgendeiner Abart des Stalinismus degenerieren würde. In diesem Zusammenhang sei betont, daß die Verstaatlichung bestimmter Unternehmungen – wie zum Beispiel in England, wo nur ein Teil der Unternehmen verstaatlicht wird und daher der Staat nicht der einzige Eigentümer ist – nicht das Ende einer Demokratie bedeuten muß. Allerdings geht es hier nicht um eine prinzipielle Vergesellschaftung der Produktionsmittel, sondern hauptsächlich um Übernahme von Unternehmungen durch den Staat, die im Privatbesitz in der Regel subsidiert werden müssen, oder die im Privatbesitz ihre gesellschaftliche Funktion nicht erfüllen können.

Interessenkonflikte

Ob man dann allerdings von gesellschaftlichem Eigentum sprechen kann, ist fraglich. Bei der absoluten Verknüpfung aller Unternehmen in einer integrierten Wirtschaft wird auch das Unternehmen im Staatsbesitz den Spielregeln des Wirtschaftssystems untergeordnet werden. Man streikt in Staatsunternehmungen gerade so wie in Privatunternehmungen. Ob diese Art der Verstaatlichung wünschenswert ist oder nicht, fällt außerhalb des Rahmens dieser Betrachtungen. Uns geht es darum, ob es überhaupt ein gesellschaftliches Eigentum im Sinne von Marx gibt, nach dem *alle* Produktionsmittel enteignet und vergesellschaftet sind. Denn aus Marxscher Sicht muß die Form privaten Eigentums an den Produktionsmitteln unumgänglich zu einer revolutionären Lösung führen, muß diese Form des Eigentums abgeschafft werden, will man eine menschenwürdige Gesellschaft aufbauen.

Die Gegenüberstellung »privat« und »gesellschaftlich« ist wohl ein Gegensatz in Begriffen, widerspiegelt aber keine Realität, zumal es ein gesellschaftliches Eigentum de facto nicht gibt und nicht geben kann. Dennoch gibt es ohne

Zweifel einen Konflikt zwischen Privatinteressen und Gesellschaftsinteressen. Eine Wirtschaft kann unter dem Gesichtspunkt der Gesellschaft geleitet werden, genauer gesagt unter dem Aspekt der Summe der Konsumenten. Und eigentlich ging es ja auch Marx und geht es der weltweiten sozialistischen Bewegung um die Interessen der Gesellschaft, ob sie sich zu Marx bekennt oder ihn ablehnt. Allerdings wurde Gesellschaftsinteresse mit einer Fiktion, nämlich der des gesellschaftlichen Eigentums identifiziert.

Die Frage ist jedoch offen, ob der große Sprung vom Privatinteresse zum gesellschaftlichen Interesse auf der Ebene der Form des Eigentums überhaupt erfolgen kann. Es ist übrigens ganz allgemein fraglich, ob eine revolutionäre Änderung des Wirtschaftssystems überhaupt durch solch einfache und im Wesen administrative Maßnahme, wie es die Änderung der Rechtsform des Eigentums ist, bewerkstelligt werden kann. Aus der Geschichte sowohl der Wirtschaft als auch der Gesellschaft ist hinlänglich bekannt, daß es keine einfachen Allheilmittel gibt. Die Entstehung der bürgerlichen Gesellschaft aus der feudalen war auch nicht einfach das Resultat der Abschaffung der feudalen Form des Eigentums, es war weder ein einmaliger noch ein administrativer Akt, der den großen Entwicklungssprung bewerkstelligte.

Aus den vorhergehenden Erwägungen wäre zu schließen, daß eine sozialistische Gesellschaft, also eine Gesellschaft, die auf das Wohl der Gemeinschaft ausgerichtet ist, nicht von der Form des Eigentums her erreicht werden kann. Es stellt sich daher die Frage, wie kann eine auf Gesellschaftsinteressen aufgebaute Wirtschaft erzielt werden?

So sehr Marx die Form des Eigentums betont und in den Vordergrund gerückt hat, er übersah nicht die Auswirkung der Produktionsweise. Versuchen wir, uns der Problematik des Sozialismus von der Produktionsweise her zu nähern.

Die Produktionsweise

Die Produktionsweise, der dynamische Faktor

Marx sprach davon, daß die Handmühle die feudale, die Dampfmühle die kapitalistische Gesellschaft hervorbringt. Die Produktionsweise bestimmt demnach die soziale Struktur. Akzeptiert man diesen Gedankengang, stellt sich die Frage, welchem System die durch Atomkraft getriebene automatische Mühle entspricht?

Würde hier die Form der Produktionsweise aufhören, eine Rolle zu spielen und bleibt der einzige ausschlaggebene Faktor das Eigentum bzw. die Form der Aneignung?

Nach Marx' Auffassung sind die Eigentumsverhältnisse den Produktionsverhältnissen adäquat, also die Handmühle der feudalen Form oder die Dampfmaschine, also die industrielle Erzeugung der bürgerlichen, kapitalistischen. Hätte sich die Dampfmühle seither nicht mehr weiterentwickelt, so könnte man, zumindest im Bereich der Logik, der Eigentumsform wirklich eine ganz besondere Dimension zuschreiben. Aber gerade die Produktionsweise ist die variable Größe, und bezeichnenderweise hat sie unter den Bedingungen unveränderter Eigentumsverhältnisse im Westen eine weit rapidere Entwicklung vollzogen als zum Beispiel im Sowjetblock.

Wir sehen, daß sich die Form und Bedingungen der Produktion revolutionär geändert haben und daß die Form des Eigentums dieser Entwicklung nicht im Wege stand.

Der Leitfaden von Marx' Gesellschafts- und Wirtschafts-philosophie war, daß die Menschen in der gesellschaftlichen Produktion in bestimmte Produktionsverhältnisse treten, und zwar ganz unabhängig von ihrem Willen und daß die Gesamtheit dieser Beziehungen die ökonomische Struktur, die reale wirtschaftliche Basis bildet.

Die Produktionsweise bestimmt die gesellschaftlichen, po-litischen und geistigen Prozesse des gesellschaftlichen Le-bens. Wenn auf einer bestimmten Entwicklungsstufe die Produktionskräfte mit den Eigentumsverhältnissen in Konflikt geraten, werden sie zur Bremse der Entwicklung und rufen nach einer revolutionären Lösung des Kon-fliktes.

Solch ein Konflikt zwischen den Produktionskräften und Eigentumsverhältnissen gab es schon zur Zeit von Marx, wirkt also seit mehr als hundert Jahren. Trotzdem haben sich die Produktionskräfte ungeheuer entwickelt, und dies bei gleichbleibender Form des Eigentums.

Die wissenschaftlich-technische Revolution

Wo ist die Revolution? Warum hat sich keine Revolution in den entwickelten Industrien ereignet? Warum hat sie sich dort ereignet, wo es eine relativ unterentwickelte Wirtschaft, also auch unterentwickelte Produktionskräfte gab?

Aber hat sich im Westen wirklich keine Revolution ab-gespielt? In der Tat fand eine wissenschaftlich-technische Revolution statt, die wohl die folgenreichste Revolution darstellt.

Wo liegt der Unterschied zwischen jener Form der Revolution, die Marx voraussah und jener, die tatsächlich erfolgte? Ich wies ja darauf hin, daß als Folge der wissenschaftlich-technischen Revolution ein Prozeß eingeleitet wurde, in dem das Proletariat als Gesellschaftsschicht im Absterben begriffen ist, daß eine neue Gesellschaftsschicht entstanden ist, daß der Begriff der Ausbeutung seinen Sinn verlor und eigentlich auch der Kapitalismus aufhört, Kapitalismus zu sein.

Das Wesen des Unterschiedes zwischen der Revolution, die Marx erwartete und der, die tatsächlich erfolgte, ist dem Unterschied adäquat, der zwischen der Konzeption des metabolistischen Verhältnisses und des Konzepts des Konflikts zwischen Mensch und Natur liegt.

Die Konzeption des Metabolismus zwischen Mensch und Natur sieht in der Entwicklung der Gesellchsaft einen naturhistorischen Prozeß. Aus diesem Stoffwechsel mit der Natur entstehen Kräfte, die die Geschichte vorwärtstreiben.

Die Geschichtsphilosophie von Marx, die vorstehend angedeutet ist, beweist, daß sich die Form dieses Stoffwechsels, die Produktionsweise, entwickelt und in Widerspruch mit den Produktionsverhältnissen, also den Eigentumsverhältnissen gerät. Die wirtschaftliche Basis, von der Marx spricht, ist seiner Ansicht nach jene reale Basis, auf der sich ein juristischer und politischer Überbau erhebt und dem bestimmte gesellschaftliche Bewußtseinsformen entsprechen.

Das Verhältnis zwischen Unterbau und Überbau

Ändert sich allerdings die ökonomische Grundlage, ändert sich also die Produktionsweise, ändert sich nach Marx auch der gesamte Überbau allmählich, die juristischen, politischen, religiösen, künstlerischen, philosphischen und ideologischen Formen, in denen sich die Menschen dieses Konfliktes bewußt werden.

Zunächst sollte der allumfassende Blick von Marx gewürdigt werden. Er umfaßt das gesamte gesellschaftliche Leben, er entdeckt den Zusammenhang zwischen Überbau und Basis, zwischen gesellschaftlichem Sein und Bewußtsein. Marx war wohl der erste Gesellschaftswissenschaftler, der diese Zusammenhänge aufdeckte, und leider der letzte, der sich mit der Problematik seiner Zeit so umfassend befaßte.

Allerdings ist bei dieser Auffassung nicht klar, wieso es zum Konflikt zwischen Unterbau und Überbau kommt. Warum muß die Entwicklung des Überbaues jener des Unterbaues nachhinken. Warum kann zum Beispiel der Überbau sich nicht schneller bewegen als der Unterbau, warum hat der Unterbau eine dominierende Stelle in der dialektischen Einheit zwischen Unterbau und Überbau. Es scheint ganz und gar nicht der dialektischen Auffassung von der Einheit der Widersprüche zu entsprechen, daß einer dieser Widersprüche eine bestimmende Rolle spielen soll (wenn auch in letzter Instanz, wie Marx behauptet). Aber die ausschlaggebende Frage ist, wieso kommt es zur Entwicklung der Basis, also der Produktionsweise?

Die Entwicklung von der primitivsten Arbeitsweise bis zum Handwerk, ja bis zu den Anfängen der Manufaktur, ließe sich insofern aus der Konzeption des Stoffwechsels mit der Natur erklären, als die Natur den Menschen gezwungen hat, zu arbeiten, um zu leben, ihm also den »Stoffwechsel« aufgedrängt hat. Der Mensch hat im Verlauf dieser Veränderungen Erfahrungen gesammelt und die Produktionsweise entwickelt. In bescheidenerem Maße könnte man eine ähnliche Entwicklung auch bei Tieren beobachten, und daher schiene es berechtigt, vom Menschen als vom werkzeug- oder feuerbedienenden Tier zu sprechen. Allerdings – wie erklärt man die Arbeitsteilung, die Einführung der Maschinen, die Automation?

Die Produktionsweise als intellektueller Prozeß

Ist die Entwicklung der modernen Naturwissenschaft und ihre Anwendung aus dem Prozeß des Stoffwechsels, also aus dem Arbeitsprozeß zu erklären? Ich sprach bereits über diese Frage.

Akzeptieren wir die Konzeption des Konfliktes Mensch–Natur und sehen das Spezifische dieses Konfliktes in der Fähigkeit des Menschen zu denken, dann müssen wir zu einer ganz anderen Interpretation kommen als Marx, der, wie gesagt, eine andere Voraussetzung als Ausgangspunkt wählte.

Im Prozeß der Arbeit – also des Kampfes gegen die Natur – entwickelt sich die Fähigkeit des Menschen zu denken. Jedoch auf einer bestimmten Entwicklungsstufe ist es nicht mehr dieser Konflikt mit der Natur, der den Menschen zum Denken bewegt. Es mag wohl Fälle geben, in denen dieser Konflikt dominiert, jedoch die Distanz zwischen diesem Konflikt und dem Denkprozeß wird immer größer, immer mittelbarer und – je weiter sich die intellektuellen Fähigkeiten entwickeln – immer weniger bezeichnend. Eine Art Eigenbewegung, eine relative Autonomie des menschlichen Geistes wird zum typischen Phänomen. Die Entwicklung der Produktionsweise ist daher als ein intellektueller Prozeß zu interpretieren, ein Ausdruck der Fähigkeiten des Menschen zu denken. Dasselbe gilt allerdings vom ideologischen Überbau, er ist ebenso ein Ausdruck der Fähigkeit zu denken. Da Menschen in der Gesellschaft leben, ist sowohl die Natur als auch die Gesellschaft für den einzelnen eine objektiv gegebene Umgebung, natürlich auch das intellektuelle Niveau auf allen Gebieten, auf denen der Mensch sich betätigt. Da die Arbeitsteilung auch das intellektuelle Gebiet erfaßt, muß es auf einzelnen Gebieten, trotz aller Interaktion und Interpenetration verschiedenster Gebiete der geistigen Fähigkeiten der Menschen, auch verschiedene Ebenen geben.

Unterbau und Überbau als intellektuelle Funktion

Die Zeiten, da große Geister das gesamte geistige Gebiet ihrer Zeit umfassen konnten, sind vorbei. Sogar in einzelnen Fachgebieten kommt es zu einer Spezialisierung, und es gibt heute keinen Mediziner, Chemiker oder Physiker mehr, der das gesamte Wissensgebiet seiner Disziplin erfassen könnte. So wird es innerhalb dieser wissenschaftlichen Disziplinen in einzelnen Sparten ein verschieden hohes Niveau geben.

Die Tatsache, daß das intellektuelle Niveau, auf dem die

Produktionsweise – also der Kampf gegen die Natur – beruht, dürfte sich deshalb auch nur ausnahmsweise oder zufällig im gleichen Maße entwickeln wie das intellektuelle Niveau, auf dem die wirtschaftliche Tätigkeit der Unternehmenssphäre oder der Makro-Sphäre beruht.

Obwohl es akzeptabel zu sein scheint, daß der Mensch ursprünglich alle seine Fähigkeiten auf den Kampf um seine bloße Existenz konzentrierte, kann man die Tätigkeit des heutigen Menschen nicht mehr nach diesem Kriterium werten.

Die Produktionsweise ist eine Funktion der Fähigkeit zu denken, aber auch die Produktionsverhältnisse sind in diesem Sinne Menschenwerk. Sie mögen sich schneller oder langsamer bewegen. Die Krise, die entsteht, ist dann der Ausdruck zweier verschiedener intellektueller Ebenen. Bezeichnend für die heutige Zeit ist, daß die Naturwissenschaft sich ungeheuer schnell entwickelt hat. Die Produktionsweise hat eine revolutionäre Änderung erfahren. Unser Denken auf dem Gebiete der Produktionsverhältnisse, genauer gesagt der wirtschaftlichen Beziehungen und des wirtschaftlichen Systems, beruht jedoch auf einem Denken, das weit unter dem Niveau der Produktionsweise liegt. Selbst wenn das Niveau der Gesellschaftswissenschaften dem der Naturwissenschaften adäquat wäre, müßten wir noch damit rechnen, daß es reale Machtprobleme, »vested interests«, gibt, die mit der bestehenden Diskrepanz und Krisensituation zusammenhängen.

Die Ursache der Krise

So sehen wir, daß die Sowjetunion, obwohl sie Weltraum-raketen besitzt, die Nuklearkräfte beherrscht, eine Staats-philosophie zur Basis nimmt, die zu einer Zeit entstand, als die manuelle Arbeit noch eine dominierende Rolle gespielt hat.

Die Produktionsweise hat sich seit der Revolution von 1917 revolutionär geändert, der gesellschaftliche und ideologische Überbau blieb unverändert und wurde zum Prokrustesbett der Gesellschaft, zumal die bestehenden Machtinteressen eine ideologische Entwicklung ver-hindern.

Die Krise, die wir im Westen beobachten, hat dieselben Ursachen. In Ermangelung einer starren Staatsphiloso-phie und bei vorherrschendem pragmatischem Zugang zu den Problemen, ist das Prokrustesbett zwar etwas ela-stischer, aber die Diskrepanz zwischen der in diesem Teil sich schneller entwickelnden angewandten Naturwissen-schaft und der Gesellschaftswissenschaft unterbindet die Entwicklung und ruft ebenfalls eine Krisensituation her-vor. Marx' These, daß eine Diskrepanz zwischen Unter-bau und Überbau eine Krise auslöst und durch eine Revo-lution überbrückt werden kann, ist daher absolut richtig. Allerdings ist es nicht so, daß sich die Produktionsweise einfach entwickelt und die Vermögensverhältnisse jene Barriere der Entwicklung darstellen, die revolutionär ent-fernt werden muß, um einen Fortschritt zu ermöglichen. Es ist nicht auszuschließen, daß solch eine Situation als Grenzfall entstehen kann. Aber allgemein gilt, daß die Gesellschaft und deren Entwicklung eine Funktion des menschlichen Intellektes ist. Da das gesellschaftliche Leben sich auf mehreren intellektuellen Ebenen bewegt, wird eine harmonische Entwicklung nur dann möglich, wenn auf den verschiedensten Gebieten eine ungefähr gleichmäßige intellektuelle Entwicklung stattfindet.

Die Krise unserer Zeit liegt daher nicht im Widerspruch zwischen einer modernen Produktionsweise und überholten Vermögensverhältnissen, sondern in der Diskrepanz zwischen intellektuellen Ebenen, in allererster Linie zwischen der intellektuellen Ebene, auf welcher die Produktionsweise liegt und jener, auf der die gesellschaftlichen und wirtschaftlichen Beziehungen aufgebaut sind. Die Krise ist daher eine intellektuelle Krise, und die Revolution, die bevorsteht, ist eine intellektuelle Revolution.

Die intellektuelle Revolution

Wir sehen auch eine moralische und ethische Krise, eine philosophische Krise, nach Ansicht vieler sogar eine Krise in der Kunst. Man kann von einer allgemeinen Krise sprechen, die in Ländern mit den verschiedensten Formen des Eigentums existiert.

Es ist demnach nicht die Form des Eigentums, die als Ursache der Krise in den entwickelten Ländern anzusprechen ist. Es ist die ungleichmäßige Entwicklung verschiedener intellektueller Ebenen, die trotz aller Interaktion und Interpenetration ihre spezifischen Entwicklungsfähigkeiten aufweisen.

Die Zweiteilung der Welt besteht in der Tat nicht zwischen Kapitalismus und Sozialismus; das ist – wie ich noch zu beweisen versuchen werde – ein Pseudokonflikt. Die tragische Scheidungslinie liegt zwischen den unterentwickelten und den hochentwickelten Ländern. Mit anderen Worten: zwischen Ländern, deren Produktionsweise auf einer niedrigen und jenen, deren Produktionsweise auf einer hohen intellektuellen Ebene liegt.

Der Unterschied zwischen der Konzeption des Stoffwechsels, auf der sich Marx' Geschichtsphilosophie aufbaut, und der Konzeption des Konfliktes Mensch–Natur, die die Grundlage dieser Betrachtungen sind, äußert sich in der Einschätzung der Rolle des Denkens im Rahmen der intellektuellen Fähigkeiten des Menschen. Marx' Voraussetzungen sind: 1. die Menschen gehen in der gesellschaftlichen Produktion ihres Lebens bestimmte notwendige, von ihrem Willen unabhängige Verhältnisse ein, 2. die Produktivkräfte bzw. die Produktionsarten wachsen und geraten mit den Produktionsverhältnissen bzw. Vermögensverhältnissen in Konflikt.

Wie kommt es zur Entwicklung der menschlichen Gesellschaft, wenn diese Voraussetzungen richtig sind? Sind denn die gesellschaftlichen Verhältnisse, in die die Menschen treten, nicht auch Menschenwerk? Sind sie aber Menschenwerk, so sind sie nicht unabhängig vom Willen der Menschen. Sie mögen verschieden sein von der Absicht, die den Willen der Menschen leitet, aber sie entwickeln sich doch nicht ohne menschliche Aktivität.

Die Dynamik des Systems

Marx' Voraussetzungen sind Zeichen für eine Unterschätzung der Rolle des Intellektes. Im Kampf gegen die absolute Idee Hegels und gegen die damalige idealistische Philosophie, die das Primat der Idee unterstrich, mag verständlich sein, daß statt der »absoluten Idee« die »absolute Materie« überbewertet wurde, allerdings um einen sehr hohen Preis.

Weiter nimmt Marx an, daß sich die Produktionsweise entwickelt hat, die Produktionsverhältnisse jedoch unverändert bleiben. Daher werden die Produktionsverhältnisse zur Bremse und führen zu einer Krisensituation.

Nähern wir uns dem Problem der Produktionsweise vom Gesichtspunkt des Denkens, werden wir in der Änderung der Produktionsweise eine Änderung der intellektuellen Ordnung sehen. Die Produktionsverhältnisse und der gesamte Überbau sind jedoch auch intellektuelle Ordnung. Es ist ganz und gar nicht ausgeschlossen, daß auf einem Gebiet des gesellschaftlichen Lebens das intellektuelle Niveau wächst oder sinkt, ohne daß bei der innigen Wechselbeziehung die übrigen Sphären unverändert bleiben.

Automation bedeutet nicht bloß eine Änderung der Produktionsweise. Automation setzt eine Gesellschaft voraus, in der sich bereits die Intelligenz als gesellschaftliche Schicht etabliert hat, die Arbeiterschaft im Abnehmen begriffen ist und eine grundlegend andere Rolle in der Gesellschaft als zur Zeit der rein manuellen Arbeit spielt; es entsteht die Managerrevolution. Alle gesellschaftlichen Verhältnisse und sowohl das intellektuelle als auch das politische Klima ändern sich. Gesellschaft und Wirtschaft werden als System geändert, sie haben viele neue Dimensionen gewonnen, und die Form des Eigentums wird nun zu einer von vielen Dimensionen, und deren spezifisches Gewicht muß sich zwangsläufig ändern.

Wenn es trotzdem zur Krise kommt, liegt es an der bereits genannten Erscheinung der unterschiedlichen Entwicklung verschiedener intellektueller Ebenen.

Die Unterschätzung der Rolle des Intellektes

Die Ungleichmäßigkeit der Entwicklung wird zur Bremse, stellt ein Hindernis beim Fortschritt dar und muß daher geändert werden. Allerdings ist es eine wissenschaftliche Aufgabe festzustellen, wo diese Ungleichmäßigkeit der intellektuellen Entwicklung besteht. Die konkrete Ursache einer konkreten Krise muß festgestellt werden, und dann kann die Ursache dieser Krise überwunden werden.

Wenn zum Beispiel im entwickelten Westen die Hochkonjunktur mit Inflation verbunden ist – wo liegt die Ursache dieses Krisenzustandes? Warum muß gegen eine Hochkonjunktur gekämpft werden? Worin liegt die Ursache, daß der an sich wünschenswerte Zustand der Hochkonjunktur zur Inflation führt? Ganz allgemein kann man wohl sagen, daß die Konjunktur bzw. das Wirtschaftswachstum im Wachstum des Produktionsniveaus zu suchen ist und daß dieses Wachstum eine Konzeption der Wirtschaft erfordert, in welcher die Dynamik des Verbrauchs jener der Produktion entspricht. Nun wäre es jedoch notwendig, die konkreten Ursachen festzustellen, die eine Disharmonie in dieser Dynamik hervorrufen. Haben wir diese Fragen beantwortet, sollten wir auch fähig sein, eine Theorie des harmonischen Wirtschaftswachstums zu formulieren.

Es wäre möglich, daß im gegebenen Fall die Form des Eigentums die entscheidende Rolle in dem Sinne spielen könnte, daß die Eigentumsinteressen mit den Forderungen der neuen Theorie in Widerspruch stehen. Aber ist es eine sehr gefährliche Vereinfachung anzunehmen, daß die Veränderung der Vermögensverhältnisse bzw. die Änderung der Vermögensverhältnisse bzw. die Änderung der Form des Eigentums an den Produktionsmitteln an und für sich eine Lösung darstellt.

Die Tatsache, daß Marx in seiner Geschichtsphilosophie und seiner Wirtschaftstheorie der Form des Eigentums eine so dominierende Rolle zuschreibt, ist darauf zurückzuführen, daß die Rolle des Intellektes bei Marx unterschätzt wird. Der Intellekt ist weder eine gesellschaftliche noch wirtschaftliche Kategorie im Gedankenbau Marx'. Für eine lange Epoche war das intellektuelle Niveau, auf dem die Wirtschaft fußte, eine relative Konstante. Das empirische Denken hat sich seit vielen Jahrhunderten kaum entwickelt, und deshalb mußte die Eliminierung dieses Faktors nicht störend wirken. Denn gehen wir von der Ansicht aus, daß Arbeit, Wirtschaft, Eigentum, Reichtum und Klassen eine Funktion des menschlichen Intellektes sind, und ist das allgemeine Niveau, auf dem die Gesellschaft beruht, relativ stabil, so ändert sich das Wesen dieser Kategorien nicht. Erst wenn eine revolutionäre Änderung im intellektuellen Niveau sich manifestiert, wenn der Wirtschaftsprozeß nicht mehr auf empirischem, sondern auf wissenschaftlichem Denken beruht, wenn also die

ehemalige Konstante zur dynamischen Variablen geworden ist, zeigt sich die große Gefahr, auch weiterhin in
Begriffen zu denken, mit denen man die neuen Erscheinungen nicht mehr interpretieren kann.

In der Tat hat sich der Begriffsinhalt von Eigentum und
Arbeit bzw. Proletariat von Grund auf geändert, und es
geht nun darum zu sehen, worin diese Änderung sich konkret äußert.

Der Nutzen

Die Arbeit als Transformationsprozeß

Die Arbeit ist die zielbewußte Transformierung von Naturkräften in Nutzkraft und erfolgt dank der geistigen Fähigkeiten des Menschen. Im großen und ganzen gibt es zwei Ebenen dieser Transformation. Die eine ist die, auf welcher der Mensch die in seiner Körperlichkeit gelegene Naturkraft zur Nutzkraft (=Arbeitskraft) transformiert und Naturgüter zu Nutzgütern ändert. Er macht zum Beispiel aus einem Baum ein Boot; die andere Ebene ist die, auf welcher er diese Nutzkraft (=Arbeitskraft) dazu benutzt, weitere Naturkräfte zu Nutzkräften zu transformieren. Er züchtet zum Beispiel Jungtiere oder er nützt biochemische Kräfte der Natur aus, die ihm Nutzgüter produzieren wie z. B. in der Landwirtschaft.

Auf beiden Ebenen wird der Mensch – um seine Arbeitskraft effektiver zu gestalten) Werkzeuge schaffen (z. B. eine Axt oder einen Pflug). Aber auch zur Erzeugung dieser Werkzeuge kann er Naturkräfte ausnützen: z. B. jene, die sich durch den Verbrennungsprozeß zum Gebrauch anbieten.

Die Natur die einzige Quelle des Reichtums

Dadurch, daß der Mensch Naturkräfte transformiert, die außerhalb seiner Körperlichkeit liegen, muß der »out put« größer sein als der »in put«, wobei der »in put« jene Naturkräfte darstellt, die aus den in seiner Körperlichkeit liegenden Naturkräften transformiert wurden. So kann der Mensch selbst bei primitivster Form der Landwirtschaft mehr Nahrungsmittel erzeugen als er zur Reproduktion seiner Kräfte braucht.

Der Unterschied zwischen dieser Art »in put« und »out put« hat in dieser Abhandlung die Benennung *Nutzen*.*

Der Produktionsprozeß besteht also darin, daß der Mensch Naturkräfte in Nutzkräfte und Naturgüter in Nutzgüter transformiert. Es gibt, wirtschaftlich gesehen, keinen anderen Reichtum als den, der aus diesem Transformationsprozeß entsteht.

Die Quelle des Reichtums ist daher nicht das Eigentum, obwohl es von der Einzelperson aus so scheinen mag. Auch ist demnach das Kapital nicht die eigentliche Quelle des Reichtums. Der Reichtum entsteht ausschließlich aus dem Transformationsprozeß, und die Prozeßmittel sind bloß einer der Faktoren des Transformators, der Naturgüter und Naturkräfte in Nutzgüter und Nutzkräfte transformiert. Der Nutzen aus dieser Transformation, der Unterschied zwischen »in put« und »out put«, ist eine Funktion unserer Fähigkeit, Naturkräfte zu transformieren, desgleichen auch Naturgüter in Nutzgüter.

* Der Begriff Nutzen wird in der Fachliteratur verschieden von der Interpretation, die ich benutze, verstanden. In dem Zusammenhang, in welchem ich diesen Begriff benutze, meine ich den Nutzen, der aus der Transformierung der Naturkräfte in Nutzkräfte ensteht.

Ich glaube daher, daß wir, wenn wir das Wesen einer Wirtschaft und ganz besonders einer modernen Wirtschaft richtig interpretieren wollen, die Wirtschaft als einen Transformationsprozeß darin besteht, daß wir Naturkräfte und Naturgüter in unseren Dienst stellen. Der Unterschied zwischen dem »in put« und »out put« ist, wie gesagt, der Nutzen, das, was wir eigentlich »umsonst« bekommen.

Wir sollten daher an das Problem der Wirtschaft, bzw. ihrer Entwicklung zu einer höheren Entwicklungsstufe, nicht unter dem Gesichtspunkt des Eigentums an den Produktionsmitteln, auch nicht unter dem Gesichtspunkt der manuellen Arbeit, sondern unter dem Aspekt des Nutzens, der eine Funktion des Intellektes ist, herantreten. Wir wollen daher versuchen, vor diesem Hintergrund jene Problematik zu behandeln, die Marx unter dem Aspekt des Eigentums und der manuellen Arbeit behandelt hat.

Wem gehört der Nutzen?

In einer ganz primitiven Gemeinschaft gehört der gesamte Nutzen der Gemeinschaft und ist in diesem Sinne ein Gemeinschaftsnutzen. Er ist es nicht seinem Wesen nach, er ist es auf Grund der Organisationsform der Gemeinschaft.

Im Sklavensystem gehört der Sklave als Träger von Naturkräften dem Mitmenschen geradeso wie das Haustier. Daher gehört auch der Nutzen, der aus der Arbeit des Sklaven entspringt, dem Sklavenhalter. Er wird ihm nach seinem Gutdünken soviel geben, wie er zu seiner Reproduktion braucht oder er läßt ihn zugrunde gehen. Der Nutzen gehört hier dem Eigentümer der Produktionsmittel, wobei der Sklave als Produktionsmittel angesehen werden kann. Sofern er Nahrung erhält, ist es eine Notwendigkeit gleicher Ordnung wie das Füttern der Haustiere.

Im feudalen System gehört der Nutzen dem Arbeitenden, die Mehrheit der Arbeitenden sind Bauern. Diese sind jedoch gezwungen, entweder einen Teil des Arbeitserfolges an den Feudalherren oder irgendeine Obrigkeit abzuführen oder eine bestimmte Zeit unentgeltlich zu arbeiten oder eine Kombination dieser beiden Pflichten vorzunehmen.

Übergehen wir nun verschiedene Zwischenstadien und untersuchen wir die Rolle des Nutzens im Kapitalismus, wie ihn Marx definierte.

Nach Marx ist es für den Kapitalismus bezeichnend, daß die Erzeugung nicht zur Befriedigung konkreter Bedürfnisse, sondern für den Markt erfolgt. Die Arbeitskraft des Menschen, konkret die des Arbeiters, wird auch zum Markt getragen. Es ist dies die einzige Ware, die der Arbeiter hat und die er veräußert, um sich am Leben zu erhalten. Der Kapitalist, der Eigentümer der Produktionsmittel, kauft diese Ware, bezahlt den Reproduktionswert dieser Ware, also jene Kosten, die mit dem Kauf jener Güter verbunden sind, die der Arbeiter haben muß, um seine Arbeitskraft bzw. die Arbeitskraft der nächsten Generation zu reproduzieren. Der Arbeiter erzeugt jedoch beispielsweise in vier Stunden so viel Werte, wie diese Reproduktion erfordert. Er muß aber dann zwölf Stunden arbeiten; dieser Unterschied ist der Mehrwert, den sich der Eigentümer in Profitform aneignet.

Der Nutzen und der Profit

Der Arbeiter, folgert Marx weiter, wird ausgebeutet, die Quelle des Reichtums ist seine Arbeit. Der Eigentümer behält und akkumuliert den Mehrwert, so wächst der Reichtum parallel mit dem Wachstum des Elends.

Im Verhältnis zum Feudalismus ist es das revolutionäre neue Element, das für einen Markt erzeugt wird. Es ist also nicht mehr so wie in der Sklavenwirtschaft, wo der Sklave für den Sklavenherrn, der der Konsument ist, erzeugt, auch nicht so wie im Feudalismus, für den er typisch ist, daß der Bauer zunächst für sich erzeugt, darüber hinaus aber einen bestimmten Teil seiner Erzeugnisse abliefern oder selbst unentgeltlich arbeiten muß.

Im Kapitalismus wird eben für den Markt produziert, dort realisiert sich die Ware, wird sie nicht verkauft, hört sie auf, einen Wert zu haben. Die für den Markt erzeugte Ware hat – ihrem Wesen nach – einen Tauschwert und wirkt, mit dieser neuen Eigenschaft ausgestattet, auf dem Markt. Der Nutzwert, der in den vorhergehenden Formationen dominierte, gilt hier eigentlich nur sekundär. Die Waren müssen *auch* einen Nutzwert haben, aber der Marktwert wird nach einem anderen Maßstab, nämlich dem Tauschwert, gemessen.

Betrachten wir nun diese Wirtschaftsformation, also die Marktwirtschaft, so müssen wir unterscheiden zwischen dem Nutzen in dem Sinne, in dem dieser Begriff in diesen Erwägungen benutzt wird, und dem Profit. Der Nutzen ist gegeben durch das Ausmaß der Naturkräfte, die wir zu Nutzkräften transformiert haben; der Profit ist die Differenz zwischen Erlös und Aufwand.

Wo entsteht der Mehrwert?

Der Nutzen entsteht in der Produktionssphäre, und der Eigentümer der Produktionsmittel realisiert den Profit am Markt. Sowohl die Klassiker des Kapitalismus als auch Marx nehmen an, daß der Profit in der Produktionssphäre entsteht, denn der Arbeiter erhält weniger, als er erzeugt hat, der Unterschied ist der Profit bzw. nach Marx der Mehrwert.

Angenommen nun, daß eine Ware 100 Stunden Arbeitsleistung gekostet hat und daß pro Arbeitsstunde eine Einheit bezahlt wird. Am Markt wird das Gut für 200 Einheiten veräußert.

Diese Tatsache kann man auf zweierlei Art interpretieren.

Marx zum Beispiel behauptet, der Wert ist 200, denn das ist der Tauschwert; der Arbeiter hält 100 und die Differenz von 100 ist der Mehrwert, um den der Arbeiter benachteiligt wird. Demnach entsteht der Profit in der Produktionssphäre.

Man kann allerdings auch sagen, der Wert ist 100, denn soviel erhält der Arbeiter. Für 100 Einheiten kann er seine Arbeitskraft reproduzieren, und es ist nicht einzusehen, warum der Wert nach Maßstäben gemessen werden soll, die außerhalb der Erzeugungssphäre liegen.

Wenn der Kapitalist am Markt das Gut nicht verkaufen kann, so hat er eben einen Verlust; erhält er nur 100 Einheiten, so gibt es weder Verlust noch Gewinn; aber wenn es ihm gelingt, sagen wir 200 Einheiten am Markt zu erzielen, hat er den Konsumenten einen Mehrwert zugeschlagen und so einen Profit erzielt. Der Profit oder

Mehrwert entsteht daher erst am Markt und wird *nicht vom Arbeiter*, sondern vom *Konsumenten* bezahlt.

(Inwieweit sind Arbeiter u. Konsument identisch?)

Der Konsument zahlt für alles

Auf den ersten Blick scheint es ganz einerlei zu sein, welche der beiden Interpretationen man akzeptiert. Denn gesehen vom Standpunkt des Arbeiters ist es ganz einerlei, ob er infolge eines niedrigen Lohnes als Arbeiter oder erhöhten Preises als Konsument darben muß. Allerdings ist es nicht einerlei, wenn man von einer Wirtschaftsfassung ausgeht, die die Menschen, in allererster Linie die Arbeiter, zu einer Veränderung der Gesellschaft mobilisieren soll.

Die Erklärung, der Arbeiter wäre als Konsument ausgebeutet, würde die Anonymität des Ausbeuters bedeuten. Der Ausbeuter muß jedoch konkret gesehen werden, soll man einen Kampf gegen die Ausbeutung führen. Außerdem ist die Ansicht, wonach der Arbeiter im Betrieb ausgebeutet ist, erstens offensichtlicher, denn dort leidet er unter den schweren, oft unmenschlichen Arbeitsbedingungen, andererseits arbeiten in den Betrieben die Arbeiter in großen Gruppen und sind nicht nur leichter zu organisieren und zu beeinflussen, sondern haben auch das Gefühl der Stärke, der Schicksalsgemeinschaft, der Solidarität und Kameradschaft, was in der Entwicklung des Klassenbewußtseins und des Klassenkampfes eine ganz bedeutende Rolle spielt.

Wenn wir weiter bedenken, daß der Klassenkampf ein Kampf um menschlichere Arbeits- und Lebensbedingungen war und einen Druck auslöste, der zur modernen Technologie und dem heutigen Lebensstandard ungeheuer viel beitrug, so kann man auch politisch oder sozialpolitisch jene Interpretation akzeptieren, wonach der Mehrwert im Produktionsprozeß entsteht.

Allerdings hat diese Betrachtungsweise ihre Schattenseiten, die dann zutage treten, wenn die Wirtschaft sich entwickelt und wenn ein höheres intellektuelles Niveau die manuelle Arbeit in den Hintergrund schiebt. Da wird es erst ganz offensichtlich, daß der Konsument alles bezahlt. Steuern, Propaganda, Zinsen, Profit, Lohnerhöhungen, all das wird dem Konsumenten angerechnet.

Marx' Fiktionen

Um die Ausbeutung in der Erzeugungssphäre zu beweisen, mußte Marx zu sehr komplizierten und wirklichkeitsfremden Konstruktionen greifen. Zunächst mußte er die Konzeption des Tauschwertes als gegebene objektive Größe einführen. Der Preis ist dann der Wert, ausgedrückt in Geldeinheiten, aber er ist es zugleich nicht, weil er um den Wert oszilliert und nicht mit ihm identisch ist.

Marx nimmt weiter an, daß der Lohn die Tendenz hat, auf ein Niveau, das sich dem Existenzminimum nähert, zu sinken, und erklärt diese Tatsache, die er selbst beobachtet hat, als einen absoluten Trend der kapitalistischen Wirtschaft, wie er es in seiner Verelendungstheorie ausdrückt. Auch hier übersah Marx die Funktion des Intellektes, nämlich das politische Bewußtsein, die daraus folgende Organisiertheit und den Kampf für einen höheren Lohn und in der Folge auch höheren Lebensstandard.

Der Wert wird von Marx als Ausdruck der gesellschaftlich notwendigen Arbeit betrachtet, als Ausdruck der Funktion nicht der konkreten Arbeit des Schusters, Schneiders, Schmiedes, die Nutzwert schaffen, sondern als abstrakte Arbeitskraft: Verausgabung der Muskeln, des Hirns, der Nerven usw. Die komplizierte oder qualifizierte Arbeit wird als ein Mehrfaches der einfachen Arbeit betrachtet und an Stelle der Arbeit der einzelnen – eine Art Durchschnitt – wird die gesellschaftlich notwendige Arbeit als Maßstab des Wertes angesprochen.

Selbst wenn es absolute Konkurrenz gäbe (das sind Märkte, in welchen nur homini economici existieren, die kein anderes als ein rein ökonomisches Motiv akzeptieren würden), und selbst wenn alle Märkte absolut gleich funktionieren würden, so bliebe die »gesellschaftlich notwendige Arbeit« eine Fiktion.

Die Konzeption des Wertes schon zur Zeit von Marx eine Konstruktion, die viel mehr sozialphilosophischen als wirtschaftswissenschaftlichen Wert hatte, hat viel dazu beigetragen, daß es praktisch unmöglich geworden ist, gerade jene Wirtschaftsformation richtig zu interpretieren und zu verstehen, die auf der Marxschen Theorie aufgebaut wurden. Der politische Charakter von Marx' Lehre ist da so stark in den Vordergrund getreten, daß der bloße Versuch, die Wirtschaftsprobleme unter einem Gesichtspunkt zu studieren, der nicht im Einklang mit Marx' Lehren stand, als strafbare Handlung gebrandmarkt wurde.

Zunächst wurde die Ansicht vertreten, daß es in Ländern, die das Sowjetmodell übernommen haben, also unter den Bedingungen des Sozialismus, keine Waren gibt, zumal Ware im Sinne von Marx bedeutet, daß es sie nur in einer Tauschwirtschaft gibt. Da alle Produktionsmittel einem einzigen Eigentümer, der Gesellschaft oder dem Staat gehören, haben die Güter nach Marx die Eigenschaft der Ware verloren. Dementsprechend gibt es auch keinen Tauschwert, zumal der Tauschwert am Markt entsteht, wo Waren nach dem Maßstab der in ihnen festgefrorenen Arbeit vom Kapitalisten veräußert werden. Das hat nun zur folgenden Erwägung geführt: Die Werttheorie von Marx gilt bloß für den Kapitalismus, nicht aber für den Sozialismus. Demzufolge kann der Preis nicht nach Gesetzen bestimmt werden, die aus der Werttheorie abgeleitet wurden. Der Preis der Güter und Dienstleistungen sowie der Arbeitskraft muß geplant sein, administrativ festgesetzt werden, was zur Folge hat, daß eine Preisdisproportion entstanden ist, die alle wirtschaftlichen Rationalitäten in der Praxis ausschließt.

Das Sowjetmodell zeigt übrigens in geradezu laboratorischer Klarheit, wie sehr alle Kosten vom Konsumenten getragen werden.

Die Preiskonstruktion im Sowjetmodell ist ungefähr folgende: Angenommen, alle Entlohnungen betragen 1000 Milliarden Einheiten. Da der Staat der einzige Arbeitgeber ist, zahlt er alle Entlohnungen aus, auch die Löhne und Gehälter. Demzufolge betragen auch die Gesamtkosten aller Produkte und Leistungen 1000 Milliarden Einheiten.

Ein Teil der Gegenwerte dieser Kosten sind absorbiert durch Staatsadministration, Militär, Schule oder Gesundheitswesen, ein Teil dient den Investitionen und ein Teil wird dem Konsum zugeführt. Angenommen, daß die dem Konsum zugeführten Güter und Leistungen mit einem direkten Aufwand von 500 Milliarden erzeugt wurden. Damit ein Gleichgewicht zwischen den Gesamtausgaben

und den Einnahmen erzielt wird, wird auf die Konsum-
güterpreise und Dienstleistungen in Form von Konsum-
steuern ein »Mehrwert« von 500 Milliarden zugeschlagen.
Alle Arten von Kosten werden also direkt auf den Konsumenten abgewälzt.

Die Ausbeutung des Konsumenten

Es gibt keine Ausbeutung der Arbeiter, denn die Ausbeutung erfolgt – nach Marx und nicht nur nach Marx – in
der Sphäre der Erzeugung. Da jedoch der Erzeuger eigentlich die »Gesellschaft« ist, kann der Arbeiter nicht ausgebeutet werden, denn niemand eignet sich den Mehrwert an.
Er gehört der Gesellschaft, und daher kann von einer
Ausbeutung nicht die Rede sein.
Das entspricht vollkommen Marx' Ansichten. Marx hat
ausdrücklich gesagt, daß es keine Aneignung des Mehr-
wertes und keine Ausbeutung gibt, sollte ein Unternehmen
den Arbeitern gehören. Doch gerade das Sowjetmodell
zeigt uns, daß es der Konsument ist, der »ausgebeutet« ist.
Jede Unordnung in der Wirtschaft, schlechte Planung
oder erhöhte Ausgaben für Rüstung bezahlt direkt der
Konsument. Wird viel investiert und weniger für den
Konsum freigegeben, wird uneffektiv investiert, wird ver-
schwendet oder Ausschuß erzeugt, ja selbst wenn Konsum-
güter erzeugt werden, die der Konsument zu kaufen ablehnt, muß alles vom Konsumenten bezahlt werden. Die
Verbrauchssteuer wird immer so bemessen, daß ein Gleichgewicht entsteht zwischen der Summe der Staatsausgaben
– alle Produktionskosten sind im Sowjetmodell Staatsaus-

gaben – und dem Erlös aus den Konsumgütern und Leistungen zuzüglich etwaiger Abgaben in Form von Ein-
kommensteuer. So wird Marx' Mehrwertlehre zu einer
theoretischen Apologie der Ausbeutung im Sowjetmodell.
Die weitere nachträgliche Folge von Marx' Betrachtungsweise ist die Orientierung an der Produktionssphäre.
Sowohl im Osten als auch im Westen wird das Schwergewicht des volkswirtschaftlichen Denkens auf die Unternehmenssphäre gelegt. Das Hauptinteresse ist die effektive
Erzeugung und die Wachstumsrate, wobei die Rolle des
Konsumenten darauf hinausläuft, soviel zu konsumieren,
wie erzeugt wurde. Im Westen wird der Konsument manipuliert, im Osten schreibt der Plan vor, was produziert
und demzufolge was konsumiert wird; das Geld hat hier
zugleich den Charakter einer Rationskarte; sie ist An-
weisung auf jene Güter, die nach dem Plan erzeugt wurden. Wird das, was so erzeugt wurde, nicht gekauft, ist
das Geld praktisch entwertet.

Die Realisierung des Nutzen

Im Brennpunkt steht der Erzeuger – sei es nun der Eigentümer (privat oder nicht privat) oder der Arbeiter – der
Konsument spielt in dieser Gedankenwelt eine untergeordnete Rolle. Obwohl die Wirtschaft ihrem Wesen nach für
die Erzeugung, für den Konsum ist, wird sie eigentlich auf
den Kopf gestellt. Der Konsum scheint für die Erzeugung
da zu sein.
Obwohl es also auf den ersten Blick kein allzu großer Unterschied zu sein scheint, ob sich der Nutzen in der Pro-

duktions- oder in der Konsumtionssphäre realisiert, geht es, wie wir sehen, um einen ganz wesentlichen Unterschied. Wir kommen zu einer grundsätzlich anderen Interpretation der Wirtschaft und auch zu einem ganz neuen Wegweiser, wenn wir an die Problematik der Wirtschaft von der Konsumentensphäre aus herantreten.

Untersuchen wir also das Phänomen des Nutzens, das aus der Transformation der Naturkräfte in Nutzkräfte entsteht, und auch, wie sich dieser Nutzen in der Konsumsphäre realisiert bzw. welche Eigenschaften ökonomischer Natur dieser Nutzen aufweist.

Demonstrieren wir diese Problematik an einem relativ einfachen Beispiel: Aus dem Handwerk entstand die Manufaktur, die aus Arbeitsteilung, Benutzung von einfachen Maschinen und dem Markt besteht. Die Einführung der Manufaktur ist der Applizierung eines höheren intellektuellen Niveaus zuzuschreiben und demnach auch eine effektivere Transformation von Naturkräften in Nutzkräfte. Die Folge ist ein größerer Unterschied zwischen »in put« und »out put« und demnach ein größerer Nutzen aus der Transformation. Was geschieht nun mit diesem Nutzen?

Wo realisiert sich der Nutzen

Wenn der Eigentümer der Produktionsmittel die Schuhe am Markt für den gleichen Preis verkauft wie vor der Einführung der Manufaktur, so realisiert sich der ganze Nutzen in der Vermögenssphäre des Eigentümers. Ihm gehört der ganze Nutzen, der allgemein als Profit bezeichnet wird. Es ist allerdings auch möglich, daß er die Schuhe etwas billiger verkauft. Er würde trotzdem einen Gewinn haben, aber er würde einen Teil des Nutzens, der aus der Transformation entstanden ist, den Konsumenten überlassen. Sehen wir in der Schuherzeugung ein Symbol für die Konsumgütererzeugung, so bedeutet das, daß die Arbeiter, die den Großteil der Konsumenten darstellen, obwohl sie den gleichen Lohn erhalten, nun etwas mehr Güter kaufen können.

Würde nun dort eine ganz moderne Schuherzeugung eingeführt, wo bereits die Landwirtschaft bzw. Viehzucht auf wissenschaftlicher Basis beruht und wo die Gerbereien hochautomatisierte chemische Fabriken sind, so ergibt sich wiederum ein ganz neues Phänomen.

Es werden so viele Schuhe erzeugt, daß jeder Bürger praktisch mehrere Paar Schuhe haben muß, damit die Schuherzeugung auf diesem Niveau erfolgen kann. Hatte der Arbeiter vor mehr als hundert Jahren mehr als einen halben Monat arbeiten müssen, um sich für den Lohn ein Paar Schuhe kaufen zu können, so wird z. B. der Arbeiter in Amerika nicht ganz sieben Stunden arbeiten, um sich ein Paar Schuhe kaufen zu können. Wurden vor hundert Jahren nur so viel Schuhe erzeugt, daß höchstens nur ein Drittel der Einwohner mehr als ein Paar Schuhe hatte, so dürfte heute jeder Bürger mehrere Paar Schuhe jährlich kaufen.

Der Nutzen aus der Transformierung der Naturkräfte in Nutzkräfte hat solche Dimensionen angenommen, daß ihn der Eigentümer der Produktionsmittel nicht mehr selbst in seiner eigenen Vermögenssphäre realisieren kann. Wir sahen, daß es bei der Manufaktur noch möglich war, daß der Erzeuger die Schuhe zum alten Preis verkaufte oder ein

Teil des Nutzens mit dem Konsumenten teilte, jetzt ist klar, daß eine moderne Massenproduktion einen Massenkonsum voraussetzt und daß der Nutzen in allererster Linie sich in der Sphäre des Verbrauchers realisiert.

Der gesellschaftliche Nutzen,
die Lukroaktivität der Wissenschaft
und der Sozialismus

Drei Arten von Nutzen

Der amerikanischen Statistik (Bureau of Labour Statistik, U. S. Dept. of Labour) für das Jahr 1968 entnehmen wir, daß der Durchschnittsarbeiter (Stundenlohn $ 3.04) vier Minuten arbeiten muß, um sich ein Pfund Brot, 16 Minuten, um sich ein Pfund Butter, etwas mehr als eine Woche, um sich einen Fernseher und nicht ganz sechs Stunden, um sich einen kleinen Transistor kaufen zu können. Er muß ein halbes Jahr arbeiten, um sich für den Gegenwert des Lohnes ein neues Auto kaufen zu können. Begnügt er sich mit einem guten Gebrauchtwagen, so genügt es, etwas mehr als neun Wochen zu arbeiten.

Es gibt Berechnungen, wonach für je einen amerikanischen manuellen Arbeiter 1500 Energiesklaven zur Verfügung stehen, also Nutzkräfte, die aus der Transformierung von Naturkräften durch applizierte Wissenschaft gewonnen wurden.

Nahezu neun Millionen Kraftfahrzeuge werden erzeugt und über 100 Millionen Kraftfahrzeuge sind registriert, es gibt mehr Radioempfänger als Einwohner und fast auf jede Familie kommt ein Fernsehapparat. Diese und unzählige ähnliche Erscheinungen zeigen, daß man zwischen dreierlei Nutzen unterscheiden muß.

Der Nutzen, der allgemein in Betracht gezogen wird, ist als Profit bekannt. Der Erzeuger verkauft die Schuhe, das Auto, das Brot usw. mit einem Nutzen, sein »in put« ist geringer als der »out put«. Der Konsument zahlt mehr, als die Gesamtkosten des Erzeugers betragen.

Spricht der Konsument vom Nutzen, den er selber hat, so hat er die Befriedigung seiner Ansprüche durch die Ware oder Dienstleistung im Auge, es geht um den Nutzwert der Waren.

Daß für ihn beispielsweise unzählige Energiesklaven umsonst gearbeitet haben, betrachtet er gar nicht als Nutzen, jedoch gerade dieser *Nutzen* ist ausschlaggebend.

Hat der Bürger einen Fernsehapparat oder ein Radio und dadurch Zugang zu Informationen aus der ganzen Welt, die vor einigen Jahrzehnten selbst ein Außenminister nicht gehabt hat, oder Zugang zu Ereignissen, die früher nur einer Elite zugänglich waren, hat sich seine Lebenserwartung verdoppelt, genießt er einen Lebensstandard, der früher nur einer kleinen exklusiven Schicht vorbehalten war, so ist er sich nicht bewußt, daß er einen besonderen Nutzen genießt.

Der emanierende Nutzen

In der Tat manifestiert sich ein ganz neues Phänomen. Es entsteht ein Nutzen aus der Transformation der Naturkräfte in Nutzkräfte, der sich bloß zum Teil in der Vermögenssphäre des Eigentümers realisiert. Der Großteil dieses Nutzens emaniert in alle Elemente der Wirtschaft, praktisch in jeden Haushalt und ist daher seinem Wesen nach gesellschaftlich. Da man sowohl in der Theorie als auch in der Praxis wirtschaftliche Erscheinungen in einer

bestimmten Art quantifiziert und dieser Transformationsprozeß nicht in konventioneller Weise quantifizierbar ist,
übersieht man dieses neue Phänomen. Würden wir uns jedoch die applizierte Wissenschaft wegdenken und würde jeder Bürger noch so viel arbeiten, die überwältigende
Mehrheit der Menschen in entwickelten Ländern und ein
beträchtlicher Teil auch der übrigen Menschheit wäre einfach zum Tode verurteilt. Selbst die Überlebenden würden
trotz schwerer Arbeit kaum ihr tägliches Brot verdienen.
Wir sind jedoch gewöhnt, das statistisch erfaßte Nationalprodukt zu sehen, die Löhne und Preise zu erfassen und
ähnliche Quantifizierungen vorzunehmen, die wohl nütz-
lich, ja notwendig sind, jedoch nur einen relativ kleinen
Teil der wirtschaftlichen Wirklichkeit erfassen.

Die Tatsache, daß bei Applizierung der Wissenschaft Naturkräfte in solchem Ausmaß zur Verfügung stehen, daß
sie die Sphäre des Produzenten überschreiten und, sofern
umgerechnet in Werteinheiten, viel höher wären als der
Profit oder die Kosten der Produktionsmittel, entgeht uns.
Ganz besonders entgeht uns, daß dieser Nutzen dem Wesen nach gesellschaftlich ist. Ich bezeichne dieses Phänomen
als die *Lukroaktivität der Wissenschaft*, eine Bezeichnung,
die ausdrücken will, daß wir in der Wirtschaft ein Phänomen haben, nach dem der Reichtum ähnlich emaniert wie
die Partikel beim Phänomen der Radioaktivität.

Der gesellschaftliche Nutzen

Nehmen wir eine ganz einfache Berechnung vor. Noch zu Anfang dieses Jahrhunderts mußte ein Arbeiter rund fünf volle Tage arbeiten, um sich ein Paar Schuhe kaufen zu können. Heute arbeitet er einen Tag. Der Nutzen aus einem Paar modern erzeugten Schuhen gleicht daher dem Gegenwert von vollen vier Arbeitstagen, also dem Vierfachen des Preises der Schuhe. Der Nutzen, dieser unsichtbare emanierende Nutzen, der sich in jedem Haushalt manifestiert, ist demnach viel höher als der Profit. Welche Stellung wir immer zum Problem des Profits haben mögen, ob er nun ganz abgeschafft oder teilweise beschränkt oder aufgeteilt werden soll – all dies mag Gegenstand der Diskussion sein, handelt es sich doch um ein wichtiges moralisches Problem. Doch zum Mittelpunkt unserer Betrachtungen sollte der gesellschaftliche Nutzen werden, schon deshalb, weil er einen gesellschaftlichen Charakter hat und weil er von der Größe her viel bedeutender ist als der Profit, also jener Teil des Nutzens, der sich in der Sphäre des Eigentümers der Produktionsmittel als Gewinn realisiert.

Die Gesellschaftlichkeit des Nutzens ist immanent

Deshalb scheint es unrichtig, weil nicht relevant, das Problem der Gesellschaft, des Sozialismus, als eine Frage der Form des Eigentums zu behandeln. Der Sozialismus ist eine Frage des gesellschaftlichen Nutzens.
Ich versuchte zu zeigen, daß die Konzeption eines gesell-

schaftlichen Eigentums auf einer Fiktion beruht, daß die Gesellschaft niemals die Attribute des Eigentümers haben kann. Demgegenüber ist der Nutzen seinem *Wesen nach gesellschaftlich* und die Gesellschaft, konkret die Gesamtheit der Bürger bzw. der Konsumenten, ist Nutznießer des Nutzens. Dieser Gesichtspunkt basiert auf der festgestellten Tatsache, daß der Nutzen seinem Wesen nach sich nicht voll in der Sphäre des Eigentümers realisieren kann, genauer gesagt, daß der überwiegende Teil des Nutzens aus der Transformation der Naturgüter und Kräfte sich im Bereiche des Konsumenten realisiert.

Nähern wir uns der Problematik einer sozialistischen Gesellschaft von diesem Gesichtspunkt her, so ergeben sich nachstehende Schlüsse und Maßnahmen, die aus diesen Schlüssen gezogen werden können. Die grundsätzliche Forderung ist, daß das intellektuelle Niveau, auf welchem die Wirtschaft ruht, erhöht werden muß. Es müssen demnach sowohl die Entwicklung der Wissenschaft als auch deren Applizierung in der Wirtschaft gefördert oder erzwungen werden, zumal vom Niveau der applizierten Wissenschaft sowohl der Umfang als auch das Maß der Gesellschaftlichkeit des Nutzens abhängt.

Der Bürger in seiner Kapazität als Konsument hat daher das Recht auf einen entsprechend der Entwicklung der Wissenschaft wachsenden Nutzen. Der Eigentümer der Produktionsmittel müßte demnach gezwungen werden, die Produktion auf ein wachsendes intellektuelles Niveau anzuheben. Es müßte ein Organ geben, das diese Rechte der Konsumenten schützt und die Produktion sowie die gesamte Wirtschaft in den Dienst des Konsumenten stellt.

Wollen wir demnach unser Interesse dem gesellschaftlichen Eigentum zuwenden. Akzeptieren wir das Postulat der

Gesellschaftlichkeit, also ein sozialistisches Postulat, so ist es der gesellschaftliche Nutzen, der in dem Mittelpunkt unserer Beobachtungen stehen soll. Nicht um das konventionelle Eigentum an den Produktionsmitteln geht es, welches das Zentralproblem von Marx ist, sondern um das Eigentum an dem Nutzen.

Jedes Gut ist ein Nationalprodukt

Die Wirtschaft müßte daher nicht unternehmens- sondern konsumorientiert sein. Ich habe in den vorigen Kapiteln erläutert, daß die Wirtschaft als eine Transformation der Naturkräfte, Naturgüter und Güter zu betrachten ist. Ich habe auch darauf hingewiesen, daß in einer modernen, auf Wissenschaft beruhenden Wirtschaft alle Berufsschichten in die Erzeugung des Nationalproduktes integriert werden. Demnach ist die ganze Gesellschaft im Rahmen eines Staates als einziger Transformator zu betrachten. Das bedeutet, daß alle, die eine Arbeit verrichten, an der Entstehung des Nationalprodukts Anteil haben, ob es nun Staatsbeamte, Beamte in Handel, Bank oder Transportwesen, Wissenschaftler, Künstler oder Lehrer sind. Man kann einzelne Arbeiter, geistige oder manuelle, einzelne Berufsschichten oder Institutionen nicht außerhalb der Totalität der Gesellschaft verstehen. Selbst ein noch so großes Unternehmen ist nur in diesem Kontext zu verstehen. Eine jede Fabrik ist nicht nur darauf angewiesen, daß sie Bestandteile, Maschinen, Rohmaterial und Halbfabrikate von anderen Erzeugern erhält, sie könnte ohne Transport, Handel, Gesundheitswesen, Schulwesen, geordneter Staatsadministrative und Forschung nicht existieren. Jedes Unternehmen ist ein Teil des Ganzen, das Ganze bildet für jedes Unternehmen eine Infrastruktur, die im Laufe von Generationen aufgebaut wurde und oft internationale Maßstäbe annimmt.

In diesem Sinne muß gesagt werden, daß eigentlich die gesamte Gesellschaft einen entscheidenden Anteil an dem Eigentum der Produktionsmittel beigetragen hat und daher berechtigt ist zu verlangen, daß die Produktionsmittel auch der gesamten Gesellschaft dienen.

Der gesellschaftliche Nutzen als Ausgangspunkt

Marx hat das Problem der Gesellschaftlichkeit zu eng gefaßt. Zunächst sah er nur eine Gesellschaftsschicht, die der manuellen Arbeiter, die er mit der Gesellschaft identifizierte. Weiter nahm er an, daß das Problem der Vergesellschaftung von der Eigentumsseite gelöst werden muß.

Aber gerade die entwickelte Wirtschaft zeigt, daß immer weitere Schichten, die ursprünglich außerhalb des Produktionsprozesses standen, in diese Sphäre einbezogen werden und daß die manuellen Arbeiter eine quantitativ und qualitativ abnehmende Rolle spielen.

Hat nun die gesamte Gesellschaft einen bestimmten Beitrag zum Nationalreichtum geleistet, dann hat wie gesagt, die Gesellschaft Anspruch darauf, daß mit diesem Reichtum im Interesse der Gesellschaft verfahren wird. Oder mit anderen Worten: Der Eigentümer der Produktionsmittel muß sich dessen bewußt sein, daß sein Eigentum zwar rechtlich ihm gehört, allerdings ein integrierender Bestandteil des Erfolges der Tätigkeit nicht nur aller Gesellschaftsschichten, sondern auch vieler Generationen ist. Der Eigentümer, einerlei, ob er eine Privatperson ist oder einer Gruppe oder der sogenannten öffentlichen Hand angehört, hat eine Verpflichtung der Gesellschaft gegenüber, mit diesem Eigentum so umzugehen, daß der auf jeder Entwicklungsstufe mögliche Nutzen auch realisiert wird.

Ob ein Unternehmer daher gut oder weniger gut arbeitet, kann nicht bloß den Eigentümer – wer immer es auch sein mag – angehen. Die gesamte Gesellschaft wird reicher oder weniger reich, eventuell ärmer, je nach der Effektivität des Unternehmers. Wir müßten daher zu einer neuen Konzeption des Eigentums kommen. Der Ausgangspunkt wäre demnach der gesellschaftliche Nutzen, der der gesamten Gesellschaft gehört, und der Eigentümer der Produktionsmittel hat in allererster Linie die Verpflichtung, für den gesellschaftlichen Nutzen Sorge zu tragen. Aufgabe wäre es demnach, einen Mechanismus zu schaffen, der die Produktionssphäre zwingt, einen optimalen Nutzen zu produzieren. Wir könnten wohl ein Profitmotiv ausnützen, uns jedoch nicht darauf verlassen, denn es läge im Bereiche des Eigentümers, zu entscheiden, ob er einen Profit haben will und wie hoch der Profit sein soll. Das könnte dazu führen, daß er den Profit unterhalb der Grenze des optimalen Effektes bemessen würde. Dies kommt allerdings einer Verringerung des gesellschaftlichen Nutzens gleich und ist daher nicht akzeptabel.

In groben Zügen würde ein Modell nach dem Prinzip der lukroaktiven Wirtschaft ungefähr folgende Hauptzüge tragen:

Die lukroaktive Wirtschaft

Angenommen, es könnte errechnet werden, daß bei Applizierung der sich entwickelnden Wissenschaft die Produktivität um X% pro Jahr erhöht werden kann, und angenommen, daß dies für alle Unternehmen in gleichem Ausmaße gilt. Wenn nun die Regierung bestimmen würde, daß alle Entlohnungen um X% erhöht werden müßten und es durch Preis-Stop unmöglich gemacht würde, die erhöhten Entlohnungen in Form von Preiserhöhungen auf den Konsumenten abzuwälzen, würde dem Prinzip der Gesellschaftlichkeit des Nutzens volle Sorge getragen werden. Jeder Arbeiter oder Angestellte würde eine erhöhte Entlohnung erhalten, ganz unabhängig davon, ob das Unternehmen tatsächlich so gewirtschaftet hat, daß es aus dem Gewinn die erhöhte Entlohnung leisten kann.

Die Arbeitnehmer wären gegenüber dem Eigentümer insofern privilegiert, als sie zuerst die Erhöhung erhalten würden, was übrigbleibt, könnte als Gewinn aufgeteilt werden. Bleibt kein Gewinn übrig, erhält der Eigentümer nichts; würde die erhöhte Entlohnung für ihn einen Verlust bedeuten, so müßte er aus der Eigentumssubstanz bezahlt werden, eventuell würde der Eigentümer seines Eigentums verlustig. Es wäre demnach nicht so, daß die Arbeitnehmer am Profit beteiligt sind, sondern im Gegenteil, daß der Eigentümer am Profit beteiligt wäre, sofern nach Bezahlung des erhöhten Lohnes noch Profit übrigbleibt.

(Ein Profitmotiv ist sowohl in einer auf Privateigentum aufgebauten Wirtschaft als auch auf einer, die dem Sowjetmodell ähnlich ist, ein unumgänglich notwendiger wirtschaftlicher Hebel.)

Der Staat als Treuhänder des Konsumenten

Es ließen sich aus diesem Beispiel folgende allgemeine Grundsätze für unser Modell ableiten.

Damit die angeführte Methode appliziert werden kann, könnte jede Form des Eigentums bestehen, mit Ausnahme des staatlichen Eigentums (sofern es sich nicht um staatliches Eigentum nur einzelner Unternehmungen handelt, sofern es also typisch bleibt, daß die nichtstaatliche Form des Eigentums vorherrscht). Würde nämlich der Staat Eigentümer der Produktionsmittel, wer könnte den Staat zwingen, ein Optimum zu erreichen? Wer würde den Verlust tragen? Der Staat hat praktisch keine andere Möglichkeit, als den Bürger zur Deckung jedes Defizits heranzuziehen. Diese Konzeption verlangt weiter eine konsequente Differenzierung zwischen Makro- und Mikrosphäre.

Die Konzeption des staatlichen Eigentums, im Sowjetmodell und in der Sowjetplanung appliziert, macht diese Differenzierung nicht. Der Sowjetstaat plant vom Gesichtspunkt der Makrosphäre aus, betrachtet die gesamte Wirtschaft als ein Unternehmen und verwischt die Grenze zwischen Mikro- und Makrosphäre. Es geht jedoch um wesentlich verschiedene Sphären und verschiedene Rationalitäten.

Statt daß der Staat als Eigentümer handelt, soll er als Treuhänder der Konsumenten handeln. Die Frage, ob der Staat in die Wirtschaft eingreifen soll, die nahezu als eine ideologische Frage prinzipieller Art behandelt wird, hat bei dieser Konzeption keinen Sinn. Die Frage lautet richtig, ob ohne Eingriff des Staates die Interessen der Konsumenten, also der Gemeinschaft der Verbraucher, geschützt werden können oder nicht. Offensichtlich braucht der Konsument den Schutz, um nicht um den gesellschaftlichen Nutzen zur Gänze oder zum Teil zu kommen.

Die Rechte sind aus den Pflichten abzuleiten

Der Staat hat demnach die Pflicht, in die Wirtschaft einzugreifen. Diese Pflicht muß klar abgesteckt werden, und aus dieser Pflicht sind die Rechte abzuleiten.

Grundsätzlich geht es darum, daß der Staat als Treuhänder der Konsumenten den gesellschaftlichen Nutzen schützt, indem er Maßnahmen ergreift, um diesen zu optimalisieren.

Die eingangs genannte Maßnahme, wonach der Staat eine Erhöhung der Entlohnungen bei stabilisierten Preisen vorschreibt, ist als demonstratives Beispiel zu betrachten. Solche Maßnahmen hätten bloß in einer Wirtschaft praktischen Wert, in der das Wachstum des Nationalprodukts das wirtschaftliche Hauptproblem ist und in der die einzelnen Wirtschaftssparten bei ungefähr gleichem Niveau und ungefähr gleicher Wachstumsmöglichkeit diese Maßnahmen rechtfertigen könnten. Solche Voraussetzungen können nur ausnahmsweise und auch nur vorübergehend existieren.

Das Wesen des Prinzips liegt darin, daß der Staat die Verpflichtung übernimmt, eine stabile Währung zu haben, also die Preise zu fixieren. Nur bei stabilen oder relativ stabilen Preisen werden eine Erhöhung der Entlohnungen, eine Verkürzung der Arbeitszeit und auch Kosten für bessere Qualität nicht in Form von Preiserhöhungen auf den Konsumenten abgewälzt.

Wird bei stabilen Preisen beispielsweise durch die Gewerkschaften eine Erhöhung der Entlohnung erzielt, so darf diese ausschließlich aus einer erhöhten Produktivität resultieren. Die Gewerkschaften werden dann ihr Augenmerk darauf richten, welche Reserven im Produktionsgebiet liegen, und werden am wirtschaftlichen und technologischen Fortschritt Interesse haben.

Da der Begriff Konsum von Tag zu Tag erweitert wird, können beispielsweise Umweltschutz, Freizeitgestaltung, kulturelle Dienste und so weiter in Form von Abgaben gedeckt werden, die von den Erhöhungen der Arbeitsentlohnungen bestritten werden. Natürlich muß eine ständige Erhöhung den Lebensstandard aller Gesellschaftsschichten erfassen.

Es würde sowohl den Umfang als auch die Zielsetzung des Buches überschreiten, wollte man alle Maßnahmen, die aus diesem Modell folgen, ausarbeiten.

Es geht um die Erkenntnis, daß der Staat vor neue Aufgaben gestellt werden muß, indem er für einen optimalen Wirtschaftsverlauf, vom Interesse des Konsumenten her gesehen, verantwortlich wird. Solch ein Wirtschaftsoptimum müßte einem gesamtgesellschaftlichen Optimum untergeordnet sein, zumal es ein Teil des gesamten wirtschaftlichen Lebens ist.

Dieses Optimum würde die grundlegenden sozialen und wirtschaftlichen Zielsetzungen ausarbeiten, aber auch die Summe der Maßnahmen, die der Staat anzuwenden hat, und Marx' These vom Absterben des Staates steht im Widerspruch zu dieser Konzeption.

Es ginge hier nicht um eine Abart der Planwirtschaft, denn

der Staat würde nicht die Produktion planen, sondern Maßnahmen im eigenen Tätigkeitsgebiet treffen, die eine optimale Entwicklung gewährleisten, wie beispielsweise Maßnahmen für stabile Preise, entsprechende Währungs- und Kreditpolitik, Unterstützung des freien Marktes.

Es wäre eine wissenschaftliche Aufgabe, solch ein soziales und wirtschaftliches Optimum auszuarbeiten. Die Gesellschaftswissenschaften müßten daher als Aufgabenstellung die Ausarbeitung von optimalen Entwicklungsvarianten akzeptieren. Eine wertlose Gesellschaftswissenschaft ist ein Widerspruch in sich, und die derzeitige Entwicklung der Gesellschaftswissenschaften, die immer mehr die Methoden der Naturwissenschaften einschließlich einer Mathematisierung anwenden, ist, meiner Ansicht nach, eine der grundlegenden Ursachen der Krise unserer Tage.

Verschiedene Varianten der gesellschaftlichen und wirtschaftlichen Optima sollten zum Gegenstand des demokratischen Wahlkampfes werden und so die Demokratie auch auf das Wirtschaftsgebiet erweitern.

Ich möchte betonen, daß es weder um eine dirigierte Wirtschaft, noch um eine Planwirtschaft geht, denn das Optimum ist im Wesen bindend für den Staat, während es für die Wirtschaftssubjekte eine beratende Funktion ausübt, indem es die voraussichtliche Entwicklung bestimmt und den wirtschaftlichen Entscheidungen der Mikrosphäre dadurch eine rationellere Basis bietet.

Das Wesen, auf welchem ein wirtschaftliches Optimum beruhen muß, ist die Erkenntnis, daß das Niveau der geistigen Arbeit die Quelle des Wohlstands ist, und daß daher nur solche Maßnahmen akzeptabel sind, die auf ein höheres Niveau der intellektuellen Aktivität hinzielen. Die Form der Planwirtschaft wirkt jedoch in entgegengesetzter Richtung.

Die Planwirtschaft, wie sie aus dem Sowjetmodell bekannt ist, versagt nicht wegen mangelhafter Plantechnik, sondern weil sie die Rationalität der Mikrosphäre außer acht ließ, durch ein System der Kennziffern den Spielraum für die Entfaltung von Fähigkeiten außerordentlich einengte und der Wirtschaft außerökonomische Betrachtungen und Kriterien aufzwang.

Das Profitmotiv, das im Sowjetmodell existiert, aber infolge des Plans nur eine untergeordnete, im westlichen Modell dagegen eine dominierende Rolle spielt, wird in der lukroaktiven Wirtschaft in bestimmte Bahnen gelenkt. Das grundlegende Motiv ist der Zwang, ein höheres intellektuelles Niveau anzuwenden, um in der Lage zu sein, sich einen erhöhten kulturellen und wirtschaftlichen Standard zu leisten.

Darüber hinaus soll ein Profitmotiv als einer der wirksamsten wirtschaftlichen Hebel wirken. Es geht also darum, das Profitmotiv *nur innerhalb des Gesamtinteresses* wirken zu lassen.

Der Markt

Da es möglich ist, daß die erhöhten Entlohnungen bei gleichbleibenden Preisen zu einer Verschlechterung der Qualität und daher zu einer relativen Verteuerung führen und um das Recht des Konsumenten zu wahren, muß sichergestellt werden, daß der Konsument durch sein Benehmen auf die Wirtschaft einwirken kann. Das aber kann nur durch einen Markt, auf dem selbständige Firmen um den Konsumenten werben, erzielt werden.

Der Markt hat in einer entwickelten Wirtschaft eine wachsende Rolle zu spielen, jedoch gerade in einer entwickelten Wirtschaft ist die Tendenz zur Monopolbildung ungeheuer groß, außerdem gibt es eine unbeschränkte Möglichkeit, den Konsumenten den Bedürfnissen der Produzenten entsprechend zu manipulieren, und schließlich muß gesehen werden, daß im gleichen Maß, in dem das Einkommen und der Lebensstandard wachsen, der Konsument als homo economicus abnimmt, und sein Verhalten im wachsenden Maße von außerökonomischen Motiven und Einflüssen beherrscht wird. Daher ist es wichtig, daß der Staat im Interesse des Konsumenten einen Markt aufrechterhält und Maßnahmen trifft, die den Konsumenten vor dem Produzenten schützen, bzw. ihn als Konsumenten behandeln. (Die Orientierung an den Konsumenten sollte nicht mit der Konsumgesellschaft verwechselt werden, für die es typisch ist, daß der Konsument zum manipulierten Objekt wird. Es geht hier um die Souveränität des Konsumenten.)

Marx ist kein Wegweiser für Sozialismus

Es übersteigt die Aufgabenstellung dieser Studie, auf eine detaillierte Ausarbeitung eines Modells einzugehen. Vielmehr handelt es sich darum, zu zeigen, daß die Errichtung einer sozialistischen Ordnung, also einer Ordnung, deren Wirtschaft nicht auf bloßen Profitmotiven beruht, sondern in erster Linie auf Motiven, die im Interesse der Gesellschaft, konkret der Summe der Konsumenten liegt, nicht durch so einfache Maßnahmen, wie sie Marx forderte, zu errichten ist.

Marx hat bekanntlich kein Modell einer sozialistischen Gesellschaft ausgearbeitet, er wollte, wie er sagte, nicht ein Rezept für eine Küche, die noch nicht existiert, ausarbeiten. Darin liegt viel Weisheit, allerdings hätte wenigstens die Ausarbeitung eines »Rezeptes« die Kompliziertheit, der die »Küche« gerecht werden muß, angedeutet und auch die Gefahren jener Übersimplifizierung, die am Fundament des Gedankenbaues nicht unbedingt störend wirken muß.

Im Zusammenhang mit der Erläuterung der Problematik des Systems sahen wir, daß in einer modernen Gesellschaft das System und seine Eigenschaften von bestimmender Bedeutung sind, allerdings sahen wir auch, daß wir beim »System« auch die Akteure des Systems sehen müssen. Das allgemeine intellektuelle Niveau und das intellektuelle Niveau der Akteure im System bilden ein organisches Ganzes.

Ein rückständiges Land kann eine ganz moderne Produktion einführen – allerdings wird die Effektivität sowohl des Unternehmens als auch der Wirtschaft gering bleiben. Dieser Umstand ist ganz besonders hinsichtlich des Sowjetmodells, aber in den letzten drei Jahrzehnten auch im Zusammenhang mit den Entwicklungsländern vergessen worden. Man sah in einer modernen Wirtschaft eben nur die Technologie, man sah nicht, daß sie eine Funktion des Intellektes ist und insbesondere übersah man die Rolle der intellektuellen Entwicklung, die nur als Kontinuum der bisherigen Entwicklung gesehen werden kann und die Besonderheiten aufweist, die man nicht ungestraft übergehen kann.

Sozialismus entsteht nicht als einmaliger Akt

Wenn wir einmal als Quelle des Reichtums die intellektuellen Fähigkeiten des Menschen sehen (was in der Epoche der Automation und im Atomzeitalter kaum übersehen werden kann), so wird es Aufgabe einer sozialistischen Wirtschaft sein, erstens die Quelle des Reichtums zu optimieren und zweitens, sie in den Dienst des Konsumenten, also der Gesellschaft, zu stellen. Es dürfte auch schwer sein – wenn man einmal diesen Gesichtspunkt akzeptiert – zu übersehen, daß bei einem bestimmten Niveau des Denkens ein Nutzen entsteht, der seinem Wesen nach gesellschaftlich ist, und daß man die Frage der Gesellschaftlichkeit nicht unter dem Gesichtspunkt des Eigentums an den Produktionsmitteln, sondern der Vergesellschaftung des Nutzens sehen muß. Die Aufgabe, vor der wir dann stehen, liegt darin, ein System aufzubauen und zu entwickeln, das auf dieser Erkenntnis beruht.

Der Sozialismus, aufgefaßt als eine Gesellschaftsformation höherer Ordnung, entsteht nicht einfach durch eine revolutionäre Machtergreifung. Der Sozialismus entwickelt sich in jedem fortschreitenden System; die ersten Schritte in diese Richtung hat Marx durch seine Lehre eingeleitet, indem er durch seine Ideen und Ideologie die Arbeiterklasse formierte.

In einer bestimmten Entwicklungsepoche bildete die Arbeiterbewegung jene Kraft, die im Keim eine auf die Gesellschaft ausgerichtete Wirtschaft hervorbrachte. In weiterer Folge war es die applizierte Naturwissenschaft, die die reale Voraussetzung für eine sozialistische Gesellschaft schuf. Ich finde beispielsweise in den USA bereits mehr

Elemente des Sozialismus als in der derzeitigen Sowjetunion.

Die wichtigste Lehre

Es gibt z. B. in den USA in bestimmten Bereichen auf Grund des hohen Niveaus der applizierten Wissenschaft Elemente einer sozialistischen Gesellschaft, in sehr vielen anderen Bereichen überhaupt nicht. Man kann vom Gesundheitswesen und Schulwesen der UdSSR, desgleichen von der Sozialpolitik – trotz des noch immer sehr niedrigen Niveaus (im Vergleich mit Schweden oder Deutschland) – als von sozialistischen Elementen sprechen, jedoch genießt der amerikanische Arbeiter im allgemeinen viel mehr Elemente einer sozialistischen Gesellschaft als der Sowjetarbeiter.

Als System ist aber weder das amerikanische noch das Sowjetsystem ein sozialistisches. Keines dieser Systeme ist auf die Gesellschaft, konkret auf die Konsumenten, ausgerichtet. Und sofern sich sozialistische Elemente entwickelt haben, sind sie in den USA ein Nebenprodukt der Entwicklung, in der Sowjetunion die Folge eines sozialistischen Ausgangspunktes, der in rudimentärer Form fossiliert ist.

Es kann demnach strittig sein, ob eine Gesellschaft tatsächlich sozialistisch ist oder nicht, denn es wird um ein Werturteil gehen und solch »objektive« Merkmale, wie es die Form des Eigentums ist, dürfte es nicht geben. Das muß jedoch nicht überraschen. Es ist ganz und gar nicht eindeutig, ob ein Land demokratisch ist oder nicht. Es ist auch gar nicht von prinzipieller Bedeutung, ob eine auf die Gesellschaft bzw. auf den Konsumenten ausgerichtete Wirtschaftsformation die Bezeichnung Sozialismus verdient.

Ich benütze diese Bezeichnung in allererster Linie deshalb, weil dieser Begriff sowohl im Alltag als auch in wissenschaftlichen Abhandlungen fest eingebürgert ist und weil mit diesem Begriff die Vorstellung einer gerechten und menschlichen Gesellschaftsordnung verbunden ist. Sofern subjektive Momente angeführt werden dürfen, so benütze ich diesen Begriff auch deshalb, weil ich mein ganzes politisches Leben mit dem Sozialismus identifizierte und auch weiter identifizieren werde, aber zu dem Schluß kam, daß die Idee des Sozialismus, wie sie Marx vorschwebte und für die so viele Opfer gebracht wurden, nicht auf jenen theoretischen Erwägungen und Folgerungen, die Marx formulierte, aufgebaut werden kann. Meiner Ansicht nach ist das Kriterium, ob eine Gesellschaft sozialistisch ist bzw. sich in Richtung Sozialismus entwickelt, eine Frage der Ausrichtung des Wirtschaftssystems. Ist das Wirtschaftssystem gesellschaftlich orientiert, so ist es eben *sozialistisch* orientiert. Unter gesellschaftlicher Orientierung verstehe ich die Orientierung auf den gesellschaftlichen Nutzen oder, mit anderen Worten, eine Wirtschaftsordnung, die die Wissenschaft im Interesse der Konsumenten appliziert.

Marx' großes Verdienst war es, daß die Idee des Sozialismus zu einer vorwärtstreibenden geschichtlichen Kraft wurde. Und es ist auch sein Verdienst, daß sein großes Experiment es uns ermöglichte, zu sehen, daß die so offensichtliche und scheinbar selbstverständliche Annahme, man könne eine sozialistische Gesellschaft von der Form des Eigentums her und mit Hilfe des Proletariats aufbauen, die Prüfung durch die Zeit nicht bestand.

*Zur führenden Rolle
der Intelligenz*

Die geistigen Arbeiter –
die Schöpfer unseres Jahrhunderts

Im Zusammenhang mit der Frage der Entstehung und des Endes der Klassen sowie der führenden Rolle des Proletariats (Kap. VI und VII) sagten wir von Marx, daß er die Rolle der gesellschaftlichen Schicht in der Geschichte erkannt hatte.

Je entwickelter eine Gesellschaft ist, desto ausgeprägter ist die Rolle einzelner Gesellschaftsschichten. So sahen wir die ungeheure politische Rolle des Proletariats. Heute tritt sehr stark die Rolle des Mittelstands in den Vordergrund, zu dem in den entwickelten Ländern mit Recht ein stets wachsender Teil der Arbeiterschaft gezählt wird, und seit einigen Jahren sehen wir die junge Intelligenz in und außerhalb der Hochschulen Grundformen einer gesellschaftlichen Schicht aufzeichnen, einer gesellschaftlichen Schicht in dem Sinne, daß sie eine bestimmte politische und ideologische Gemeinschaft bildet und aktiv und bewußt dahin wirkt, der Gesellschaft ein dieser Gemeinschaft entspringendes politisches Gepräge aufzudrängen.

Wir sprachen auch bereits darüber, daß die neue Gesellschaft eine außerordentlich integrierte Einheit bildet, und daß sie sowohl das Resultat einer höheren intellektuellen Ebene ist als auch zugleich Voraussetzungen schafft, die intellektuelle Ebene auf einen höheren Entwicklungszustand zu heben.

Ein spezifisches Zeichen der Entwicklung der Gesellschaft dieses Jahrhunderts ist es, daß sie das Resultat der Aktivität von Wissenschaftlern ist und zugleich den Aktionsradius der geistigen Arbeit in allen Richtungen verlängert. Wir haben erläutert, daß in einer modernen Wirtschaft Wissen und Bildung eine besonders große Rolle spielen, was natürlich die Rolle selbst der Volksschulen in ein neues soziologisches Blickfeld rückt. Moderne Erzeugung ist ohne moderne Administrative praktisch ausgeschlossen, und in diesem Sinne gibt es einen engen Zusammenhang, ja eine Abhängigkeit zwischen so verschiedenen Tätigkeiten wie Wissenschaft und administrativer Arbeit. Sie bilden eine Einheit.

Die moderne Gesellschaft ist daher die Funktion dieser Einheit der geistigen Arbeiter verschiedenster Berufe, in gleichem Maße wie die Tätigkeit dieser geistigen Arbeiter nicht nur die Gesellschaftsentwicklung vorwärtstreibt, sondern zugleich auch alle Voraussetzungen *für das Wachstum* dieser Schicht schafft.

Die Intelligenz ist keine Klasse

In der marxistischen Literatur wird von den geistigen Arbeitern als von einer Zwischenklasse gesprochen, die ihre Rolle zwischen dem Proletariat und den Kapitalisten spielt.

In der Tat ist die Rolle der geistigen Arbeiter grundverschieden, sowohl von der Klasse der Kapitalisten als auch von jener des Proletariats. Diese beiden Klassen weisen eine Tendenz auf, sich zu verringern, nachdem sie eine Periode quantitativen Wachstums durchgemacht haben. Diese Bewegung ist die Folge der Rolle der geistigen Arbeiter, die zugleich alle Voraussetzungen für ein ständiges Wachstum dieser Schicht schafft.

Die Schicht der geistigen Arbeiter rekrutiert sich aus allen gesellschaftlichen Schichten. Kinder von Bauern, Arbeitern, Handwerkern und Kapitalisten usw. bilden das Reservoir, aus dem das Wachstum der Intelligenz resultiert.

Die Intelligenz hat ihrem Wesen nach kein Klasseninteresse. Die Entwicklung der Wissenschaft, der angewandten Wissenschaft oder der Kunst liegt sowohl im Interesse dieser Schicht als auch der Nation. Das Klasseninteresse ist, wie wir ja schon gesehen haben, viel enger gezogen.

Keine Klasse kann die führende Rolle in ihrem Volk spielen, ohne Gewalt und irgendeine Form der Diktatur anzuwenden. Nur die Intelligenz kann ihre führende Rolle behaupten, indem sie eben jenes Instrument, das charakteristisch für sie ist, wirken läßt: den intellektuellen Einfluß.

Das bedeutet, daß die führende Rolle sowohl der Kapitalisten als auch des Proletariates nur auf dem Prinzip der Elite, die eine Machtelite ist, aufgebaut werden kann. Im klassischen Kapitalismus waren die Kapitalisten die Elite, die Exekutive.

Die führende Rolle des Proletariates hat das Prinzip der Elite nach der Konzeption ausgearbeitet, wonach das Proletariat zwar die führende Rolle spielt, deren Avantgarde jedoch die Partei ist, und Partei ist eigentlich der Parteikongreß, der die Politik bestimmt; das Zentralkomitee führt die Partei während der Zeit zwischen Parteikongressen und wählt das Politbüro, dem die operative Leitung zusteht. Da so alle Macht im Politbüro konzentriert ist, bestimmt das Politbüro in der Praxis durch seinen Parteiapparat die Zusammensetzung des Parteikongresses, des Zentralkomitees, und verkörpert das Prinzip der Elite. Das Eliteprinzip ist charakteristisch auch für den Faschismus und wird neuerdings von den Technokraten als eine unumgängliche Notwendigkeit akzeptiert.

Die fraglichen Grenzen der geistigen Arbeiter

Was bedeutet allerdings die führende Rolle der Intelligenz? Wie verhält sich dieses Prinzip zu der Elitekonzeption? Zunächst müßte klar sein: wer ist die Intelligenz, wer soll zu ihr gezählt werden?

Die Einteilung in »white-collar« und »blue-collar« wird allgemein akzeptiert. Die Grenze, die da gezogen wird, ist ganz konventionell und könnte geradeso anders gezogen werden.

Sprechen wir von manuellen Arbeitern, so sehen wir, daß es manuelle Arbeiter gibt, deren Einordnung als solche nicht fraglich ist. Aber es gibt auch Berufe, deren Tätigkeit ebenso als manuelle wie auch als geistige Arbeit bezeichnet werden kann. Auf der anderen Seite gibt es geistige Arbeiter, über deren Status es gar keinen Zweifel gibt, jedoch auch eine ganze Reihe von Berufen, wo dies fraglich ist. Warum zum Beispiel ein Typograph ein manueller Arbeiter, ein Tipfräulein ein geistiger Arbeiter sein soll, um ein Beispiel von vielen herauszugreifen, kann nur durch Konvention erklärt werden.

Die Schicht der geistigen Arbeiter, also der Intelligenz, als gesellschaftliche Schicht ist relativ sehr jung. Deshalb fehlen jene objektiven Merkmale, die Klarheit in diesen Begriff bringen könnten, wobei natürlich diese objektiven Merkmale eigentlich ihrem Ursprung nach auch nicht objektiv, sondern konventionell sind.

Wir sind Zeugen einer in diesem Zusammenhang eigenartigen Entwicklung. Amerika wurde noch vor einigen Jahrzehnten in Europa hoch gepriesen wegen der Tatsache, daß dort ausschließlich Fähigkeiten entscheiden und man beispielsweise viel weniger als in Europa auf Schulzeugnisse bedacht ist.

Die Konvention, die als objektiv betrachtet wird

Heute ist die Frage eines »degree« in Amerika fast so wichtig geworden wie im konservativsten Europa.

Die Tatsache, daß die Zahl der geistigen Arbeiter ungeheuer gewachsen ist, daß in einzelnen Institutionen unzählige geistige Arbeiter wirken, daß es an einzelnen Universitäten Hunderte von Professoren gibt, hat eine formelle Klassifikation mit sich gebracht, die den äußeren Formen nach identisch ist mit jenen, die aus der Exklusivität der geistigen Arbeiter im alten Europa abgeleitet wurden.

So zeichnet sich die Tendenz ab, daß bestimmte Berufe an eine bestimmte Bildung gebunden sein werden und daß z. B. eine Matura die minimale Voraussetzung für jegliche »geistige« Arbeit sein wird. Man dürfte dann je nach der notwendigen Vorbildung die Grenze zwischen geistiger und manueller Arbeit ziehen, was natürlich das Ergebnis einer Konvention ist, aber objektive Zeichen trägt. Dabei muß es zu einer weiteren Differenzierung zwischen den geistigen Arbeitern kommen, zwischen jenen, die kreativ wirken und jenen, die anwenden und bloß ausführen oder die Hilfsarbeit leisten.

Wenn wir auch eine genaue Grenze der Schicht der geistigen Arbeiter nicht zeichnen können, können wir dennoch von einer gesellschaftlichen Schicht sprechen. Übrigens ist dies auf dem Gebiet der Begriffe, mit denen wir das gesellschaftliche Leben erfassen, typisch. Wir sprechen z. B. von der Jugend und können ganz und gar nicht die Grenze bestimmen, bei welcher man nicht mehr von Kindern, sondern von Jugend und wann man nicht mehr von Jugend, sondern von Erwachsenen spricht. Trotz dieser Unklarheit kommen wir mit den bestehenden Begriffen aus. Man hat gewissermaßen, besonders in den USA, etwas mehr »Exaktheit« eingeführt, indem man von »teenagern« oder »twens« spricht; jedoch glaube ich, daß diese »exaktheit« sehr wenig exakt ist, denn der Unterschied zwischen einem 12- und 19jährigen »teenager« ist in jeder Hinsicht viel größer als zwischen einem 19jährigen »teenager« und einem 21-jährigen »twen«. Trotzdem hat der Begriff »teenager« und »twen« seine Bedeutung und kann sinngemäß benutzt werden.

Die Elite

Was im Zusammenhang dieser Erwägungen wichtig erscheint: der Prozeß, der von der industriellen Revolution zur heutigen Entwicklungsetappe führt, spielt sich in der Struktur der Gesellschaft ab. Eine neue Gesellschaftsschicht hat diese Entwicklung getragen und ist zugleich ihr Produkt.

Das scheint wichtig zu sein. Sollte man die Notwendigkeit empfinden, diese Schicht in einer Definition auszudrücken, so ist es besser abzuwarten, bis dieser Prozeß ausgereift ist. Allerdings kann die Tatsache, daß diese Gesellschaftsschicht da ist und eine bestimmende Rolle spielt, kaum übersehen werden, ebensowenig daß diese Schicht sowohl die materiellen als auch die kulturellen Werte schafft und daher auch das intellektuelle Klima und Niveau. In diesem Sinne ist die Intelligenz eine führende Schicht der Gesellschaft geworden. Es geht ganz und gar nicht darum, sie zu dieser Schicht zu machen, es geht bloß darum zu erkennen, daß sie es ist.

Die Konzeption der führenden Schicht besagt nicht, daß die führende Schicht zugleich der Träger der Macht ist oder das politische Schaffen bestimmt. Die Konzeption der führenden Rolle der Arbeiterklasse hat den Arbeitern auch keine Macht gegeben, und bekanntlich haben die Arbeiter im Westen viel mehr politische Rechte als in den Ländern, die die führende Rolle des Proletariats zur Staatsphilosophie erhoben haben. Aber auch die Konzeption der führenden Rolle der Klasse der Kapitalisten (obwohl diese Konzeption ganz und gar nicht propagiert wird) kann nur zu einem Elitismus entweder einer kleinen Gruppe von Kapitalisten oder, was sich immer klarer abzeichnet, zu einem Elitismus der Exekutive führen. Tatsache ist, daß die geistigen Arbeiter als gesellschaftliche Schicht existieren, jedoch nicht als solche auftreten und handeln. Vielmehr dienen sie, sind bereit zu übersehen, daß sie die Schöpfer allen materiellen und kulturellen Reichtums sind, und daß sie demzufolge auch eine moralische und politische Verantwortung für das tragen, was mit dem Produkt, das sie als Gesellschaftsschicht erzeugen, geschieht. Das Prinzip des Utilitarismus, das sowohl im Osten als auch im Westen vorherrscht und typisch geworden ist, und die Wertskala die aus diesem Prinzip erfolgt und darüber hinaus auch das gesellschaftliche und politische Klima, das natürlich auch die Intelligenz erfaßt, können nur überwunden werden, wenn andere Werte als die der Nützlichkeit in der Vordergrund geschoben werden.

Die Elite, die keine ist

Man spricht von einer Elite, aber es geht hier offensichtlich um eine mehr als ungenaue Bezeichnung. Erstens geht es dem Wesen nach um eine Machtelite, genauer gesagt um eine Gruppe von Usurpatoren. Sie stellen in ihren Dienst eine Plejade von Fachleuten, die manchmal die besten Fachleute sind und nur selten ihre Fachkenntnisse mit jenen menschlichen und hauptsächlich moralischen Qualitäten paaren, die sie zur Elite machen würden.

In Ländern, die auf der Diktatur des Proletariats basieren, können wir beobachten, daß der Apparat der Unterdrückung hauptsächlich aus Arbeitern bzw. aus Leuten, die proletarischer Abstammung sind, besteht, und dieser Apparat unterdrückt alle Schichten, einschließlich des Proletariats. Auch sehen wir, daß es ganz und gar nicht wenige Intellektuelle gibt, die Advokaten der Diktatur des Proletariats sind und die Intelligenz diskriminieren. Die Tatsache, daß auch im Westen Intellektuelle einer Machtelite dienen oder sich als herrschende Elite fühlen, bedeutet ganz und gar nicht, daß sie der Ausdruck der führenden Rolle der Intelligenz sind. Auch in einer technokratischen

Gesellschaft, wo das ganze Volk unter dem Gesichtspunkt der Rationalität des Systems und der Subsysteme beherrscht wird, wird es eine Machtelite geben, die aus Intellektuellen besteht, und wir können ganz allgemein beobachten, wie die Exekutive sowohl in der Wirtschaft als auch im Staatswesen immer mehr an Macht gewinnt.

Wir sollten demnach genau unterscheiden zwischen der Intelligenz, also der Gesellschaftsschicht der geistigen Arbeiter, und jenen, die zwar dieser Schicht angehören – auch wenn sie die weitaus größere Mehrheit darstellen würden – jedoch Interessen vertreten, die nicht die Interessen dieser Schicht sind. Da diese Unterscheidung nicht gemacht wird, kommt es zur Identifizierung der Intelligenz als Gesellschaftsschicht mit dem Establishment, und eine oft militante antiintellektuelle Stimmung führt sowohl im Osten als auch im Westen zu einer antihumanistischen Gesellschaft.

Die anthropokratische Funktion

Natürlich wäre zu klären, was »im Interesse dieser Schicht« bedeutet.

Ich habe nicht die Berufsinteressen oder etwa das Machtinteresse dieser Schicht im Sinn, ebensowenig, daß die Politiker hochgebildete Leute sein müßten und daß überall Intellektuellen der Vorzug gegeben werden muß. Dies zu betonen ist erstens meiner Ansicht nach falsch, weil es nicht das Wesen des Problems berührt und zweitens ist es gar nicht notwendig, weil wir ja diese Tendenz ohnedies verfolgen können.

Es geht um etwas grundsätzlich anderes.

Ich sprach bereits darüber, daß im Kampfe gegen die Natur – um ein niedrigeres Maß der Abhängigkeit von der Natur zu erzielen – der Mensch seine Fähigkeit zu denken anwandte und in diesem Kampfe entfaltete. Wir sehen hier die befreiende Kraft des Intellektes, die durchaus als *anthropokratische* Funktion des Intellektes bezeichnet werden dürfte, da sie tatsächlich die Funktion hat, den Menschen zum Herren über sich selbst zu machen. Sofern es sich um die Gesellschaft handelt, ist auch hier die befreiende Funktion des Intellektes zu beobachten. Ohne Gesellschaft wären wir viel unfreier, ja absolut abhängig von der Natur. Ich habe auch versucht zu beweisen, daß auf einer bestimmten Entwicklungsstufe in bezug auf die Gesellschaft die anthropokratische Funktion des Intellektes nur einem Teil der Gesellschaft zugute kam, wogegen der andere Teil, die Mehrheit, eine neue Form der Abhängigkeit empfand, nämlich die Abhängigkeit vom Menschen, von der Gesellschaft, genauer gesagt von der herrschenden Klasse. Wir leben nun in einem Zeitalter, wo wir die Voraussetzungen, aus denen die Klassengesellschaft entstanden ist, überwinden. Die Rolle der unterdrückten Klasse nehmen allmählich die vom menschlichen Geist beherrschten Naturkräfte ein. Dieser Prozeß war zugleich der Prozeß der Entstehung einer neuen Gesellschaftsschicht der geistigen Arbeiter, sozusagen als soziologischer Ausdruck der anthropokratischen Funktion des Intellektes.

Das Thema, aus dem diese Gesellschaftsschicht entstanden ist, ihre historische Mission, der sie gar nicht entgehen kann, besteht darin, die Idee der Anthropokratie zu verwirklichen, d. h. eine Gesellschaft zu schaffen, in der die Befreiung von der Natur ein Teil des Befreiungsprozesses des Menschen wird. Eine anthropokratische Gesellschaft, eine Gesellschaft, in der der Mensch und nicht die Gesellschaft, die Nation, die Klasse, die Rasse und ähnliches im Mittelpunkt aller Betrachtungen stehen wird, wo der Mensch Subjekt und nicht Objekt der Befreiung ist, kann nur erzielt werden, wenn sie zur leitenden Idee einer Gesellschaftsschicht wird. Nur wenn eine Gesellschaftsschicht sich für eine solche Gesellschaft verantwortlich fühlt, wird ein gesellschaftliches, politisches, moralisches Klima geschaffen, das – wenn auch nur mittelbar – seinen politischen Anspruch finden wird.

Die junge amerikanische Intelligenz – Keim der Gesellschaftsschicht

Natürlich wird dies nicht etwa ein Privileg der Intelligenz sein können, und es dürften bestimmte Proletarier mittun, denn diese Konzeption ist weder als Unterschätzung noch als Diskriminierung der Arbeiter aufzufassen. Übrigens haben wir ja gesehen und sehen es noch heute, daß ein ganz und gar nicht unbeträchtlicher Teil der Intelligenz sich für die proletarische Revolution ausgesprochen hat, und ich glaube, nicht allzusehr fehlzugehen, wenn ich annehme, daß es in den Vereinigten Staaten mehr Intellektuelle gibt, die für eine proletarische Revolution einstehen, als Proletarier, die diese Ansicht vertreten.

Aber gerade am Beispiel Amerika sehen wir vielleicht ausgeprägter als in anderen Ländern, daß die junge Intelligenz sich als solche mitverantwortlich fühlt, was in ihrem und mit ihrem Lande vor sich geht. Und obwohl sie zum

Teil antiintellektuell eingestellt ist, tritt sie unbewußt als Keim einer gesellschaftlich bewußten Schicht der Intelligenz auf. Denn was der Schicht der geistigen Arbeiter fehlt und weshalb ihre Rolle als Gesellschaftsschicht im politischen Leben nicht zu spüren ist, ist eben ihr gesellschaftliches Bewußtsein. Zwar ist der direkte politische Einfluß der jungen Intelligenz Amerikas kaum spürbar, aber die Tatsache, daß diese junge Intelligenz stark das politische Klima des Landes beeinflußt und neue Fragen im ganzen Land aufrollt, ist nicht zu leugnen. Aber es sollte auch nicht übersehen werden, daß sie als eine entstehende gesellschaftliche Schicht auftritt und nur dadurch ihre große Rolle spielt.

Hat Marx an Hand der Klasse der Eigentümer der Produktionsmittel die These, an Hand des Proletariats die Antithese formuliert, so sollte eine Synthese entsprechend den Regeln der Dialektik, die Marx sich zu eigen machte, folgen.

Der Sprung von Möglichkeit zu Realität

Die Rolle des Intellektes spielt jedoch im Marxschen Weltbild eine untergeordnete Rolle, und deshalb mußte er einer Synthese ausweichen, er konnte sie gar nicht formulieren. Denn stand auf der einen Seite die These Profit und auf der anderen manuelle Arbeit, so wurde als Synthese eine höhere intellektuelle Ebene geschaffen, der aus dem Konflikt These/Antithese der Weg geebnet wurde. Die geistige Arbeit bzw. die geistigen Arbeiter überwinden das Proletariat, die Kapitalisten, den Kapitalismus und den Klassengegensatz.

Um genau zu sein: die breite Schicht der geistigen Arbeiter hat die Voraussetzung dafür geschaffen, daß die der Vergangenheit angehörenden Thesen und Antithesen überwunden werden. Um diese Voraussetzung in eine wirkliche umzuändern, wird es notwendig sein, sich der Aufgabe und Rolle bewußt zu sein. Erst dieses Bewußtsein und das diesem Bewußtsein entspringende Handeln wird sie zu einer gesellschaftlichen Schicht im engeren und hauptsächlich politischen Sinn machen.

Kapitalismus —
Sozialismus —
Humanismus

Dialektik oder revolutionärer Fanatismus

Ich habe in den vorigen Kapiteln darauf hingewiesen, daß Marx an die Problematik, mit der er sich befaßt, als Revolutionär herantrat, daß er auch Hegels Philosophie bloß soweit akzeptierte, wie sie als Philosophie der Revolution anwendbar erschien. Allerdings wies ich auch darauf hin, daß zum Beispiel – soweit es um die Rolle des Proletariats ging – Marx den Widerspruch Proletariat/Kapitalisten mechanisch und ganz und gar nicht dialektisch aufgefaßt hat.

Die Entstehung des Proletariats und der Kapitalistenklasse aus dem Feudalismus hat Marx dialektisch erklärt, jedoch den Gegensatz Kapitalisten/Proletariat im Kapitalismus sah er nicht als dialektischen Widerspruch innerhalb einer dialektischen Einheit. Auch der Gegensatz Kapitalismus/Sozialismus ist – außerhalb einer dialektischen Einheit – ein rein mechanischer Gegensatz, denn der Sozialismus entsteht erst nach dem Verschwinden des Kapitalismus.

Als ob Hegel warnen wollte vor der Gefahr eines revolutionären Herantretens an seine Philosophie, wies er darauf hin, daß der Fanatiker in seinem System der Dialektik nicht existieren kann. Für den Fanatiker heißt es, »wer nicht mit mir geht, geht gegen mich«. Dieses Konzept liegt außerhalb einer Philosophie, die auf der Einheit der Gegensätze aufgebaut ist.

Marx war ein Revolutionär. Während sein Herantreten an die Vergangenheit oder Problematik, die nicht unmittelbar mit der Problematik der Revolution verbunden war, keine Dialektik war, wurde er, sofern er vor den Gegenwartsprobleme stand oder vor jenen, die die Zukunft formen sollten, zum pragmatischen Revolutionär. Darin liegt übrigens auch das Geheimnis des Erfolges seiner Lehren, denn sie wiesen einen konkreten Weg zu einer neuen Entwicklungsepoche, sie wollten eine Welt ändern, bewiesen die Unabwendbarkeit des Sieges der neuen Welt und appellierten an eine Gesellschaftsschicht, die an diesem Sieg interessiert war. Allerdings liegt darin auch die Gefahr der Übersimplifizierung, die um so größer wurde, als jene Kräfte, die seine Philosophie wachgerufen haben, in ihrer Eigenbewegung sich gegen ihren Ausgangspunkt wandten.

Eine Philosophie, die sich nicht auf die Füße stellen läßt

Abgesehen von der Deformierung der Dialektik durch die Erfordernisse, die eine Revolution bedingungslos fordert, muß gesagt werden, daß sich Hegel ganz und gar nicht auf »die Füße stellen« läßt. Man kann nicht ein philosophisches System wie das von Hegel »auf die Füße stellen«, es einfach als Resultat induktiven Denkens beschreiben und in eine Terminologie, die von induktivem Denken abgeleitet wird, kleiden.

In Hegels Philosophie sind die Prinzipien der Dialektik des Absoluten sowohl in der Blindheit der Natur als auch in der Vision der Geschichte wirksam. Sie sind universal und umfassen deshalb Natur und Gesellschaft.

Marx hat dieses philosophische Postulat »auf die Füße gestellt«, indem er erklärte, daß die Gesetzmäßigkeiten der Bewegung der Natur und der Gesellschaft identisch sind. Er erklärte, Hegels Schlüsse seien induktiv, ihr Fehler sei, daß sie »auf dem Kopf« stünden. – Hegels Postulate wurden jedoch nicht induktiv erzielt, zumal sie ihrem Wesen nach gar nicht induktiv bewiesen werden können. Sie waren für Marx Postulate a priori.

Die Gesetzmäßigkeiten, nach denen sich die Natur entwickkelt, sind nur wissenschaftlich festzustellen und es geht nicht an, daß sie a priori philosophisch ein für allemal festgestellt werden. Dasselbe gilt für die Geschichte. Marx kämpfte wohl für die Autonomie der Wissenschaft, er lehnte die Bevormundung der Wissenschaft durch die Philosophie ab, von der Philosophie sollten nach Marx bloß die Logik, die Lehre vom Denken, und die Dialektik, die Gesetze des Denkens, übrigbleiben. Da jedoch nach Marx die Gesetze des Denkens die Gesetze des Geschehens widerspiegeln, sind eigentlich die Gesetze der Dialektik als Gesetze sowohl des Naturgeschehens als auch des gesellschaftlichen Geschehens zu betrachten. Wo bleibt jedoch die Autonomie der Wissenschaft, wenn gerade die Gesetze allen Geschehens philosophisch ein für allemal postuliert würden? Wir haben im Zusammenhang mit Lysenko, Einstein oder der Kybernetik gesehen, bis zu welchem Maß die Philosophie der Wissenschaft in einer auf dieser Konzeption aufgebauten Staatsphilosophie übergeordnet wurde.

Dialektik als Arbeitshypothese

Hegels philosophisches Postulat von der universalen Einheit der Gegensätze bildet das Wesen seines philosophischen Gedankenbaues. Er ist sowohl der Ausgangspunkt als auch das Resultat dieser Philosophie. Jedoch – sobald wir diese These »auf die Füße stellen«, hört sie auf, einen Sinn zu haben. Zu erklären, alles hänge mit allem zusammen, ist erstens keinesfalls induktiv, denn auf induktive Weise kann über »Alles« nicht gesprochen werden. Es hat aber auch deshalb keinen Sinn, weil – solange wir nicht alle Zusammenhänge kennen – wir nicht in der Lage sind, überhaupt eine Aussage machen zu können, und »Alles« ist unendlich, unsere Fähigkeiten sind jedoch begrenzt.

Wollten wir wirklich Hegels Philosophie »auf die Füße stellen«, müßten wir sie bloß als Arbeitshypothese annehmen und Erscheinungen nicht isoliert, sondern in ihren Zusammenhängen, ihrem Werden und Vergehen untersuchen und verstehen. Das bedeutet ganz und gar nicht, daß wir nicht einzelne Erscheinungen auch als solche betrachten können und natürlich auch nicht, daß Erscheinungen ohne Zusammenhänge existieren können. Es geht daher darum, konkrete Zusammenhänge konkreter Erscheinungen zu untersuchen. Indem Marx Hegels Dialektik übernimmt, nimmt er den Erfolg induktiven Denkens vorweg und schließt es praktisch aus.

Auch der dialektische Sprung von Quantität und Qualität hat außerhalb des Gedankensystems Hegels keinen Sinn. Solange wir wie Hegel in Begriffen denken, die trotz ihrer Differenziertheit zusammenhängen und die wesentliche Struktur der universalen Gegensätze ausdrücken, liegt es nahe, daß die Zusammenhänge der Begriffe das universale Ganze ausdrücken. Der dialektische Sprung aus der quantitativen Anhäufung in eine neue Qualität, das heißt von einem Begriff zum anderen, ist daher sowohl eine logische Voraussetzung dieser Philosophie als auch die logische Konsequenz. Jedoch – auf »die Füße gestellt«, führt dieser Satz nicht bloß zu einer Übersimplifizierung, sondern auch zu einer Mißdeutung.

Sprechen wir vom Kapitalismus und Sozialismus, um ein Beispiel zu nennen, das für unsere Betrachtungen von grundsätzlicher Bedeutung ist, so folgt aus der Konzeption des dialektischen Sprunges, daß der Übergang vom Kapitalismus zum Sozialismus sprunghaft ist.

Kapitalismus bleibt Kapitalismus, es ändert sich nichts, bis es zu einer quantitativen Anhäufung, offensichtlich des Proletariates, kommt, und dann entsteht der Sozialismus als etwas so Fertiges und Vollkommenes wie Pallas Athene, als sie aus dem Kopf des Zeus entstanden ist.

Die Manifestation dieses Sprunges ist die Expropriierung der Expropriateure, womit die Vorgeschichte der Menschheit beendet sein soll.

Die Dialektik in Wirklichkeit

Sollten wir Hegels Philosophie akzeptieren und für die Praxis anwenden, so kann sie wiederum bloß eine Arbeitshypothese sein. Wir werden – ausgehend von dieser Hypothese – untersuchen, wieweit quantitative Veränderungen die Qualität der Erscheinung beeinflussen. Wir werden uns dabei bewußt werden, daß wir nicht alle qualitativen Veränderungen in adäquaten Begriffen ausdrücken, sondern rein konventionelle Begriffe bilden und erst dann eine neue Qualität ausdrücken, wenn die quantitativen Veränderungen mit dem Inhalt des neuen Begriffes zusammenfallen. Fügen wir zum Beispiel zu einem Baum weitere hinzu, so haben wir bei jedem weiteren Baum wohl eine neue Qualität geschaffen, wir haben jedoch keinen Begriff, um diese qualitativen Änderungen auszudrücken; erst bei einer sehr großen Zahl von Bäumen sprechen wir von einem Wald, also einer neuen Qualität. Der Sprung in eine neue Qualität bedeutet in der Realität etwas anderes als in der Welt der Begriffe im Rahmen von Hegels Gedankenbau.

Ausgehend von einer dialektischen Arbeitshypothese, sollten wir daher untersuchen, welche qualitativen Änderungen das Wachstum des Proletariats mit sich bringt. Denn in der Tat geht es gar nicht um eine bloß quantitative Erscheinung hinsichtlich der Zahl der Arbeiter und ihres Elends. Sie sind denkende Menschen, sie sind mit ihrem Schicksal unzufrieden, suchen einen Ausweg, werden beeinflußt von Marx' Lehre, etablieren sich als klassenbewußte Gesellschaftsschicht, kämpfen um menschenwürdige Arbeits- und Lebensbedingungen. Ihr Kampf übt einen politischen und ökonomischen Druck aus. Eine Quelle suchen, die es ermöglicht, dem Druck der Arbeiter nachgeben zu können und dabei eine Explosion zu vermeiden ohne das raison d'être des Kapitalismus, das heißt den Profit aufgeben. Es kommt zur Applizierung von Erfindungen, der intellektuelle Beitrag der Organisatoren wird gesucht, es kommt zur Applizierung der Wissenschaft. Dieser Prozeß führt in weiterer Folge zum Entstehen einer neuen Gesellschaftsschicht der geistigen Arbeiter, zu einem zahlenmäßigen Rückgang des Proletariats. Das ist die Dialektik der wirklichen Entwicklung. In diesem Entwicklungsprozeß ändern sich die Rolle der manuellen und gestigen Arbeit und die gesellschaftliche Rolle der Arbeiter und der Intelligenz. Der Kapitalismus hört auf, jene Gesellschaftsformation zu sein, die Marx vorhersah. Sie ist anders, ob besser oder schlechter ist offen, aber auf alle Fälle anders, es ändert sich die Funktion des Eigentums, es entsteht ein sozialistischer Nutzen. Elemente des Sozialismus entstehen, ohne daß sich die Form des Eigentums geändert hat. Der Kapitalismus ist nicht mehr Kapitalismus, es gibt aber noch keinen Sozialismus. In diesem Stadium der Entwicklung zeigt es sich, daß das Problem des Sozialismus ein Problem der Ausrichtung des Wirtschaftssystems ist.

Sozialismus – Humanismus

Wir können hier eine Unzahl von dialektischen »Sprüngen« verzeichnen, es fehlt bloß an Begriffen, mit denen wir alle diese Änderungen ausdrücken können. Und sofern man weiterhin in alten Begriffen denkt, fallen diese Änderungen außerhalb der Begriffe und werden in der Regel nicht zur Kenntnis genommen. Es ist also weder so, daß das Proletariat ständig an Zahl zunehmen muß und daß diese quantitative Änderung in eine neue Qualität umschlägt, noch so, daß der Sozialismus entsteht, nachdem der Kapitalismus zertrümmert ist, noch so, daß es bloß zwei Klassen gibt: das Proletariat und die der Eigentümer der Produktionsmittel.

Der Sozialismus entsteht im Rahmen der kapitalistischen Wirtschaft und wird, wie gesagt, ein Zustand, in dem es schon kein kapitalistisches System mehr gibt, aber auch noch kein sozialistisches System.

Wir sehen auch, daß in diesem Prozeß das humanistische Postulat der Ausgangspunkt ist. Der Mensch will menschenwürdig leben. Er teilt sein Schicksal als Glied einer Klasse und kämpft um das Programm dieser Klasse. Der Kampf um eine menschenwürdige Existenz ist seinem Wesen nach humanistisch. Sofern es um die nackte Existenz der Menschen geht, also um Bedürfnisse, die alle Menschen ungefähr gleich angehen, ist die individuelle Dimension stark in den Hintergrund gerückt. In dem Maße, in dem die Sorge um die Existenz in den Hintergrund tritt, treten die existenziellen Probleme in den Vordergrund. Die humanistischen Postulate, die der Klassenkampf implizierte, werden zu selbständigen Problemen. In den Vordergrund tritt nicht nur die gesellschaftliche Ausrichtung des Wirtschaftssystems, sondern der Konflikt des Menschen mit dem System schlechthin.

Die Entstehung des Sozialismus muß als relativ langer Prozeß gesehen werden, in welchem das Wirtschaftssystem auf der Erkenntnis der reichtumbringenden Kraft der Wissenschaft aufgebaut, der gesellschaftliche Nutzen optimalisiert und auf den Konsumenten ausgerichtet wird. In diesem Prozeß geht es *zugleich* darum, den Menschen zum Mittelpunkt aller gesellschaftlichen Betrachtungen zu machen und sowohl eine Gesellschaft zu schaffen, die dem Menschen einen optimalen Spielraum für seine Selbstentfaltung bietet als auch ein Klima zu schaffen, das das Menschenbewußtsein fördert.

Die Konzeption des Sprunges vom Kapitalismus in den

Sozialismus, diese mechanische Gegenüberstellung und Einschachtelung überdeckt diesen komplizierten und vielschichtigen dialektischen Prozeß. Da jedoch Marx' Gedanken zu einer realen politischen Kraft, ja sogar zur Staatsmacht wurden, wirken diese Kräfte in jene Richtung, aus der sie entstanden sind und unterbinden so die Entwicklung zu einer sozialistischen und humanistischen Gesellschaft. Es gibt demnach keinen Sprung vom Kapitalismus zum Sozialismus, wir können bloß eine bestimmte Periodisierung vornehmen und erklären, daß wir bei einem bestimmten Stand der existierenden Änderungen das Sozialistische als das Bezeichnende akzeptieren.

Der Sozialismus als einmaliger Akt

Da jedoch das Konzept des dialektischen Sprunges eine philosophische Begründung der Revolution gab, mußte Marx eine Form des »Sprunges« formulieren, der ein offensichtliches Kriterium der revolutionären Änderung sein sollte. Es war dies die Expropriation der ExproprIateure. Allerdings verdankt dieses Kriterium seinen Ursprung nicht irgendwelcher Realität, sondern der Notwendigkeit, eine Fiktion zu begründen. Man wählt ein solches Kriterium, indem man zum Beispiel einfach erklärt, daß, wenn ein bestimmter Prozentsatz der Produktionsmittel enteignet und verstaatlicht wird, dieser qualitative Sprung, das heißt die Entstehung einer sozialistischen Gesellschaft, erfolgt ist.

Man könnte natürlich einen niedrigeren oder höheren Prozentsatz akzeptieren, man kann für die Landwirtschaft eine andere Quote nehmen als für die Industrie, es ist weiter möglich zu unterscheiden, welche Quote für Kleinbetriebe und welche für Großbetriebe angewendet wird. Mit anderen Worten: man bestimmt willkürlich, welches Maß der Verstaatlichung einen neuen Namen bekommt und ändert den »Namen«. So ist zum Beispiel in der Tschechoslowakei eines Tages auf Grund der Verstaatlichung von mehr als 90 Prozent aller Unternehmungen und landwirtschaftlichen Betriebe eine neue Verfassung angenommen worden, und die »Tschechoslowakische Republik« wurde in »Tschechoslowakische Sozialistische Republik« umbenannt.

Die Entstehung des »Sozialismus« wird so zu einem einmaligen Akt. Der Kampf um »Sozialismus« wird zum Kampf um die Enteignung reduziert, die auf der Enteignung basierende Gesellschaft wird als immanent humanistisch deklariert, die den »totalen« Menschen produzieren soll. Es wird verlangt, daß sich der Mensch der Ordnung unterordnet, der »sozialistische« Staat wird mit der Verkörperung sozialistischer Ideale identifiziert und seine Allmacht liegt dann im Interesse des Menschen und Fortschrittes.

Marx' mechanistische Gegenüberstellung von Kapitalismus und Sozialismus, sein pseudodialektischer Sprung von der Quantität in die Qualität hat jene Bewegung, die müssen, um zum Sozialismus ohne Apostrophen zu schaffen, zu einer Barriere gemacht, die wir entfernen müssen, um zum Sozialismus ohne Aprostrophen zu kommen.

Kapitalismus – Sozialismus:
der große Pseudokonflikt

Die Gegenüberstellung von Kapitalismus und Sozialismus hat noch viel schwerwiegendere Folgen. Mit der Entstehung der Revolution in Rußland schien eine neue Epoche angebahnt worden zu sein und ungeheure Hoffnungen in ganz Europa und der Welt wurden wachgerufen.

In den vorherigen Kapiteln versuchte ich darzulegen, wie die Applikation der marxistischen Konzeption der führenden Rolle des Proletariats die Entwicklung in der Sowjetunion vom sozialistischen Pfad ablenkte und in eine Ideologie und Politik des Imperialismus trieb. Ich zeigte auch, daß sich diese Entwicklung erst im Hitler-Stalin-Pakt manifestierte. Bis zu diesem Pakt hat Europas Politik – und Europa spielte eine führende Rolle in der Weltpolitik – um die Scheidungslinie Kapitalismus/Sozialismus oszilliert Die reaktionären Kräfte haben sich politisch geformt, und die aus dem Ersten Weltkrieg als Sieger hervorgegangenen Großmächte Großbritannien und Frankreich unterstützten eine faschistische Bewegung in Deutschland, die nicht nur eine sozialistische Revolution in Deutschland verhindern sollte, sondern als Bollwerk den Sozialismus in der Sowjetunion, also die Sowjetunion, zerstören sollte.

So wenig wir einen Menschen nicht danach beurteilen werden, was er von sich denkt, so kann man auch eine Umwälzungsepoche nicht aus ihrem Bewußtsein erklären.

Im Bewußtsein ging es da um den Kampf zwischen Kapitalismus und Sozialismus. Aber worum ging es wirklich? Es kam zu einem Pakt Hitler–Stalin. Das »Bollwerk gegen den Sozialismus« hat sich mit dem »Bollwerk gegen den Faschismus« verbunden und wurde nun zum Bollwerk gegen jenen Westen, mit dessen Gnade und Unterstützung es entstanden ist.

Interessensphären – die Ideologie der Imperialisten

Kaum hatte Hitler durch diesen Pakt freie Hand bekommen und den kontinentalen Westen überrannt, kam es zu einer solchen Verschiebung des Kräfteverhältnisses, daß Hitler nicht mehr bereit war, in der Neuaufteilung der Welt die Beute mit Stalin zu teilen – er überfiel die Sowjetunion. Er schien zu erwarten, daß Großbritannien honorieren würde, daß er endlich die Sowjetunion aus dem Weg schaffte.

Es waren auch in London sehr einflußreiche Kräfte im Spiel, die es ablehnten, Alliierte der Sowjetunion zu werden. Überdies prognostizierten in London Militärfachleute, daß der Vormarsch der Deutschen in Rußland wie »ein heißes Messer in der Butter« vor sich gehen würde und gaben nur wenige Wochen, bis Hitlers Sieg über die Sowjetunion vollkommen sein würde. Großbritannien wurde jedoch Alliierter der Sowjets, und es zeigte sich nochmals, daß es ganz und gar nicht um einen Konflikt Sozialismus/Kapitalismus ging. Hitler wurde bekämpft, die Sowjetunion unterstützt und nachdem das kapitalistische Japan das kapitalistische Amerika angegriffen hatte, erklärte auch Amerika Hitler den Krieg und unterstützte die Sowjetunion. Wohl hat die Sowjetunion die größte Last des Krieges selbst tragen müssen, hätte jedoch allein den Krieg nie gewinnen können, wenn der kapitalistische Westen gegenüber Hitler-Deutschland jene Politik angewendet hätte, die Stalin anwandte.

Noch war der Krieg nicht beendet, da gab es bereits Verhandlungen zwischen der UdSSR und den USA, zwischen Hopkins und Stalin, in denen Hopkins von weltweiten Interessen der USA sprach, die sich nicht nur auf Südamerika und den Pazifik beschränkten. Es wurde anerkannt, daß auch die Sowjetunion ihre Interessensphäre hat, die von den USA respektiert wird. Es wäre demnach möglich, auf der Basis der Einigung über Interessensphären zu einer ständigen Zusammenarbeit zu kommen.

Interessensphären drücken das Recht der Großmächte aus, außerhalb ihrer Grenzen zu herrschen. Kleinere und schwächere Völker hätten demnach kein Recht auf Souveränität, bzw. die Bürger dieser kleinen Staaten sollten nicht die gleichen Rechte wie die Bürger der Großmächte haben. Auch hier gilt, daß man diese »Umwälzungsepoche« nicht nach ihrem Bewußtsein beurteilen soll. Im Bewußtsein waren es eine sozialistische Weltmacht und eine kapitalistische Weltmacht, jeder wurden ihre Interessensphären zugeschrieben, und da jede Aufteilung einer Beute Konflikte in sich birgt, wurde auch diese Aufteilung der Welt sehr konfliktreich. Seit Ende des Zweiten Weltkrieges gibt es eine ununterbrochene Kette von Kleinkriegen, es gibt einen akuten oder subakuten Kalten Krieg und die ständige Gefahr eines Atomkrieges.

Das Dilemma der Sowjetunion

Die Theorie der Interessensphären, aus welcher der klassische Imperialismus entstanden ist, sollte ganz und gar überholt sein, wie es eben der klassische Imperialismus war. Dieser Imperialismus hat wenigstens insoweit einen rationellen Kern gehabt, als er in einer Epoche entstand, in der der Reichtum eines Volkes in der Ausbeutung von Menschen (Kolonialvölkern) bestand. In der modernen Zeit ist diese Art Ausbeutung für eine Volkswirtschaft ganz und gar nicht rentabel, es mag für einzelne Firmen so sein, aber die Völker zahlen bei diesem passiven Geschäft drauf. Kolonialvölker wie Holland, Belgien, Großbritannien sind nach dem Verlust ihrer Kolonien reicher, als sie es zur Zeit ihrer Kolonialherrschaft waren, zumal angewandte Wissenschaft eine viel ausgiebigere Quelle des Reichtums ist als Kolonialismus. Trotzdem bedroht die Theorie der Interessensphären, auf der die Außenpolitik der Weltmächte beruht, die Menschheit.
Welche Interessen drückt diese antihumanistische Konzeption der Außenpolitik aus?
Vom Gesichtspunkt der Sowjetunion aus gesehen, ist diese Politik die Voraussetzung der Großmachtstellung der UdSSR. Würde die Sowjetunion das Prinzip des Selbstbestimmungsrechtes der Völker akzeptieren, müßte sie damit rechnen, daß ihre Nationalitäten, beinahe die Hälfte der Bevölkerung, von diesem Recht Gebrauch machen würden, dazu auch jene Staaten, die nur infolge militärischer Besetzung zum Sowjetblock gehören und die fast 100 Millionen Einwohner zählen. Nur das Prinzip der Interessensphären schafft der Sowjetunion Voraussetzun-

gen, sich als Weltmacht zu behaupten. Es liegt demnach im Interesse der Großmachtsaspiration der Herrscher dieses Landes, die imperialistische Theorie der Interessensphäre aufrechtzuerhalten, denn ein Ende dieser Politik würde außer dem Ende der Großmachtstellung zugleich ein Ende ihrer Herrschaft bedeuten.

Sozialismus – die tödliche Gefahr der Sowjetunion

Für die Vereinigten Staaten besteht keine Gefahr der Desintegration einzelner Staaten. Im Gegenteil, die Akzeptierung einer antiimperialistischen Konzeption, die Konzeption der Souveränität aller Völker, würde bedeutende innenpolitische Spannungen auflösen und könnte Amerika zum moralischen Führer der Welt abstempeln und dem amerikanischen Volk ein moralisches Ziel geben, für das es sich einigen könnte. Weiter würde sie Mittel freilegen, auf die ein Land, das auf weitere Fortschritte Wert legt, nicht auf die Dauer verzichten kann. Auf der anderen Seite ist die bestehende Konzeption der Außenpolitik nicht nur eine ständige Quelle innerpolitischer Krisen, sondern führt dieses Land auch auf ein politisches Schlachtfeld, auf dem es nie jene Skrupel und Rücksichtslosigkeit anwenden kann wie ein Land, das keine demokratische Tradition und auch keinen demokratischen Mechanismus hat, der die Aktionsfreiheit zumindest einschränken kann.

Es zeigt sich, welch ungeheure Tragkraft Begriffe haben. Die Scheidungslinie Kapitalismus und Sozialismus existiert, ohne daß es tatsächlich einen Kapitalismus und einen Sozialismus gibt. Die Begriffe sind Geister, die wir geschaffen haben und die uns beherrschen. Man denkt in Begriffen Kapitalismus und Sozialismus, man interpretiert in diesen Begriffen die wichtigsten politischen Gegebenheiten, Tatsachen, sofern sie nicht in das Schema passen, werden einfach nicht gewertet. Der Konflikt zwischen dem sozialistischen China und der Sowjetunion wird registriert, beschrieben, jedoch scheint es das Denken nicht maßgeblich zu beeinflussen. Obwohl z. B. die Sowjetunion eine bedeutend größere Rolle spielen würde, wäre China kein »sozialistischer« Staat, obwohl die Sowjetunion sich bedroht fühlt von einem europäischen Sozialismus und alles daran setzt, daß es in Italien und Frankreich zu keinem Sozialismus kommt, denkt man in Begriffen, die diesen Tatsachen widersprechen.

Marx' Fragestellung – unsere Antwort

Deshalb scheint es nicht nur eine Frage der Semantik zu sein, ob wir vom Kapitalismus und Sozialismus im Sinne von Marx sprechen. Es ist ein ganz phantastischer Erfolg des Denkers Marx, daß Begriffe, die er geschmiedet, nicht nur allgemein akzeptiert wurden, sondern das Denken unserer Zeit immer noch in solch einem Maße bestimmen. Es ist allerdings weder sein Verdienst noch seine Schuld, wenn man noch fast hundert Jahre nach seinem Tod trotz der größten Veränderungen, die die Menschheit je durchgemacht hat, in seinen Begriffen denkt.

Der große Dienst, den Marx unserer Zeit geleistet hat

liegt darin, daß er als erster die Forderung aufgestellt hat, daß wir die Welt mit Hilfe angewandter Wissenschaft zu einer Welt des Menschen machen. Er hat der Aufgabe, eine solche Wissenschaft zu formulieren, entsprochen. Wir verdanken ihm auch, daß durch seine Theorie eine Bewegung in die Welt gesetzt wurde, die nicht nur eine bestimmte Phase der Humanisierung der Gesellschaft erwirkte, sondern es darüber hinaus ermöglichte, seine Theorie mit der durch sie bedingten Praxis zu konfrontieren und daher den Vorteil eines gigantischen gesellschaftlichen Experimentes zu erzielen, von dem wir lernen können. Es soll nicht in die Schuhe großer Denker geschoben werden, daß ihre Schüler bloß fähig sind, ihn entweder zu akzeptieren oder ihn abzulehnen und nicht vermögen, »auf seinen Schultern« die Entwicklung auf eine höhere Stufe anzuheben.

Wollen wir wirklich eine humanistische Gesellschaft errichten, so sollten wir Marx' große Fragen- und Aufgabenstellung nicht vergessen. Jedoch dürfen wir die Antwort nicht in Marx' Lehren suchen, die das vorige Jahrhundert reflektieren, sondern uns bereichern um die Erfahrung, die uns Marx' Experiment bietet: *unsere* Antwort aus *unserer* Zeit zu formulieren.